大川隆法
RYUHO OKAWA

INTRODUCTION TO TOP EXECUTIVE MANAGEMENT

常勝経営を目指して

# 社長学入門

# まえがき

まことに、まことに、経営者にとっては厳しい時代がやってくるだろう。再び乱気流時代に突入である。

私は主として、個人としての努力や、企業家の持つ英雄的資質が花開くことをいつも願っている。

しかしこれからの十年は、あたかも鳴門の渦潮《うずしお》の中に引き込まれる木《こ》の葉舟《はぶね》のように、情熱もあり、才能もある企業家が、時代の渦潮の中にのみ込まれていく姿を数多く傍観《ぼうかん》しなくてはならない悲しみに耐えねばならないだろう。

民意が不幸の未来を選んだ以上、民の苦しみは自業自得《じごうじとく》ともいえよう。

時代はこの国を「全体主義的社会主義」の流れに引きずり込んでいくだろう。

政治体制そのものが、国の没落を目指す時、社長は、自らの持つ「真剣」に、毎日手入れを怠《おこた》らないことだ。

二〇〇九年　十一月

幸福《こうふく》の科学《かがく》グループ創始者兼総裁《そうししゃけんそうさい》　大川隆法《おおかわりゅうほう》

# 社長学入門

◆目次

# 第2章　経営のためのヒント
## ――デフレ下を生き抜く智慧《ちえ》

# 第3章　社長学入門
## ――経営トップのあるべき姿とは

本書は、幸福の科学の経営者研修のために行った説法をとりまとめ、加筆したものです。なお、第2章、第3章には、説法の際の質疑応答も収録しています。

# 第1章　幸福の科学的経営論

——マネジメントの核《かく》になる「十七のポイント」

# 序　経営とは何か

## 経営資源の合計以上の成果を生み出す

本章では、「幸福の科学的経営論」と題して、経営者を目指す人や、現に会社経営等をしている人の参考になるような話をしたいと思います。

幸福の科学を設立してから二十数年がたち（発刊時点）、考えとして固まりつつありますが、今回は、総論的、あるいは序論的な話になります。

あと十年もすると、経営論的な考え方が固まってきて、体系化されると考えていますが、ここでは、当会の過去の歩みを振《ふ》り返ってみて、「だいたい、このような考え方でやってきた」ということを紹介《しょうかい》したいと思います。

さて、「宗教において、経営という考えが成り立つのか」という疑問も一部にはあるのではないかと思いますし、以前、私がマスコミの人からインタビューを受けたときにも、マスコミの人はそれを非常に不思議がっていたようなので、この点について最初に述べておくことにします。

経営を単に「お金儲《もう》け」と考えるのであれば、確かに、宗教的な考えと必ずしもストレートに合うものではないでしょう。しかし、私は、経営を単にお金儲けと考えているわけではなく、「経営とは、現にある『ヒト・モノ・カネ・情報』等の経営資源を使って、それらの合計以上の成果を生み出すことである」と考えているのです。

例えば、百人の人が単にバラバラに仕事をしても、百人分の仕事以上のものにはならないでしょうが、この百人が、一つの理念の下《もと》に、優秀《ゆうしゅう》なリーダーに率いられて仕事をすると、百人分の合計以上の成果を出すことができます。

これは分かるでしょう。良きリーダーがいれば、百人が、ただ、バラバラに行《おこな》っている単純仕事の合計よりも、もっと良い仕事ができるのです。

それから、物の使い方に関しても、個人個人が、ただ、バラバラに、好き勝手に、いろいろな物を使うよりは、例えば、「現にある施設《しせつ》や道具等を使って、もっと大きな生産ができないか」というような観点から考えると、単にその物が生み出す価値以上のことができるようになってくるわけです。

また、お金もそうです。個人個人が、バラバラに持っているだけ、あるいは、バラバラに貯金しているだけであれば、銀行の預金金利以上の仕事はしないのですが、例えば、そのお金を集中させて、一定以上の額にし、それを事業資金として使うと、大きな投資効果のある事業をすることができます。

これは情報についても同じです。

　ある情報をタクシーの運転手が持っていて、その情報は、タクシーの運転には必要のないものであったとします。ところが、タクシーのお客さんのなかに、その情報を必要としている人がいて、その人が運転手からそれを聞いた場合には、その情報は価値を生むことが当然あります。

　タクシーの運転手が、前に乗せたお客さんから聞いた情報として、「最近、どこそこの株が、このように動いたそうですね」という話を、そのときに乗せているお客さんに話したところ、そのお客さんは、たまたま外国から帰ってきたばかりで、そのことを知らず、「あそこの株がそういう動きをしているならば大変だ」と、車のなかから携帯《けいたい》電話をかけて仕事をすることもあります。

　そうすると、そういう情報が経済的効果につながることは当然あるわけです。

　そのように、個人がバラバラに持っている情報を、たまたま偶然《ぐうぜん》に得たことによって、成果を生み出す場合もあります。

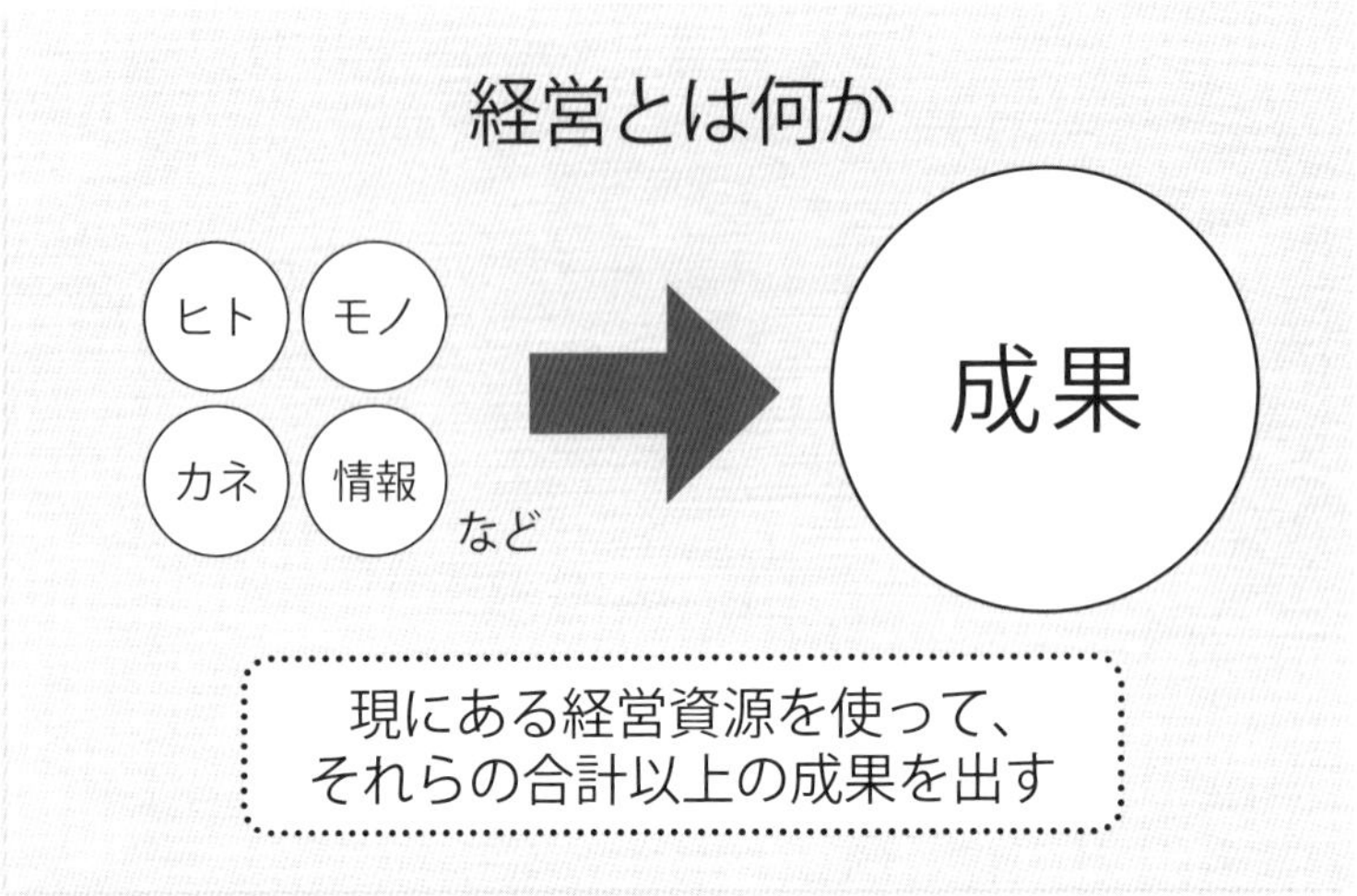


しかし、組織においては、そういう偶然を求めていたのではいけません。必要な情報が必要なところに集まり、良い判断ができて、成果を生み出せるように、組織を組み立てていかなくてはならないのです。

このように、「ヒト・モノ・カネ・情報」等を使って、その総計以上の成果を出す方法が経営の手法であり、これが優《すぐ》れていれば、大きな結果を生んで、その組織体は発展していくことになります。

したがって、一人か二人で始めた事業が、やがて、五十人、百人になり、千人、万人になることは十分にあるわけです。これは非常に不思議です。

どういう仕事かということによって、やり方が違《ちが》うので、定式化することは難しいのですが、発展の法則というものは必ずあります。

現代では、個人のレベルにおいても、悩《なや》みの大半は経済的原因によるものであることが多いので、発展の法則を研究することは、現代人の悩みを解決する手段ともなります。

また、会社は大勢の人が働いている職場であり、その意味では、会社が傾《かたむ》いたり倒産《とうさん》したりすることは、非常に危険なことです。したがって、その運営を正常化するために、こういう経営理論を知っていることは、「転ばぬ先の杖《つえ》」になるだけではなく、さらに、幸福を増進することにもなると思います。

## 経営論は「発展」の理論の一つ

当会では、「愛・知・反省・発展」という「四正道《よんしょうどう》」のうち、「発展」の理論のなかに、こういう経営論的な考え方が組み込《こ》まれています。現代の宗教においては、釈迦《しゃか》やイエスの時代にはなかったような社会構造が背景にあるため、経営論的な考え方の部分は、当然、テーマの一つとして考えるべきであろうと思います。

宗教というものは、組織体として見ると、地上において最大の組織を持ちうるものの一つです。

会社には、小さな一人会社から、数人、五十人、百人の会社、あるいは、一万人の会社がありますし、さらに大きくなれば、十万人、二十万人という会社もあります。会社よりも大きいのは軍隊ですが、軍隊よりも大きくなりうる可能性を持っているのが宗教です。世界的な宗教になると、軍隊よりも大きな組織を持っています。

したがって、宗教の組織理論は、ある意味では、世界最大の組織理論でありうるのです。

宗教においては、大勢の人が、一定の理念を持ち、指揮者の下《もと》に組織立って動きます。そういう縦の階層も持っていれば、横の連絡《れんらく》階層も持っています。さらには、大勢の人が動く以上、当然、兵站《へいたん》部門としての資金の問題も出てきます。

その意味では、価値判断は別として、人やお金の動きという面だけを見るならば、宗教は、経営分析《ぶんせき》の対象になるような側面を十分に持っていると言えるでしょう。

# 1 知力ベース・マネジメント――学習する組織を目指す

## 知識は最も貴重な経営資源

幸福の科学がこれまで行ってきたことを分析《ぶんせき》し、私なりに、その経営的な方法論、特徴《とくちょう》は何かということを考えてみると、一番目に言えることは、「知力ベース・マネジメントというものが行われている」ということです。

経営資源には、いろいろなものがあります。例えば、鉄鉱石、石炭、石油、天然ガスなど、物としての経営資源は当然あります。しかし、これから先、現代から未来社会において、最も豊富な経営資源は何かというと、それは知識です。これは間違《まちが》いありません。知識だけは、どんどん増え続けています。知識は、新しい経営資源として無尽蔵《むじんぞう》のものなのです。

宗教は、ある意味で、「究極のソフト産業」とも言われています。目に見えない世界の情報、あるいは価値観、それから、その成果としての幸福、そういう「目に見えないもの」を扱《あつか》っているため、宗教は、「ソフトウエアを扱う産業の究極の姿」とも言われているのです。

その意味では、宗教的な面から見ても、知識というものは非常に大事な経営資源ですが、宗教のみならず、現代および未来の産業社会においても、知識は最も貴重な経営資源です。また、知識は拡大再生産の可能な資源であり、「新しい知識が新しい資源を生み、成果を生む。それからまた新しい知識が生まれてくる」ということがありうるのです。

幸福の科学においても、知力ベース・マネジメントが根本にあります。

当会は、一九八六年に、会員が一人もいない状態から始めたわけですが、わずか十年余りで、かなり大きな団体になりました。日本の宗教のなかでは、トップランクに位置することは間違いありません。この発展の要因はどこにあるかといえば、ずばり、知力ベース・マネジメントにあると言えるでしょう。

当会は知的なものを徹底的《てっていてき》に追求してきました。情報を集めると同時に、情報の持つ付加価値について研究してきました。また、過去のものと現在のものの双《そう》方《ほう》を織り交ぜて常に研究し、そして成果を測っていたというところがあります。

宗教は、「伝統的マーケット」と言われていて、「古いものは、そのままでよい」ということが基本であり、それはそのとおりなのですが、ただ、それだけでは現代人の悩《なや》みに答えられなくなってきていることもまた事実です。

そのため、アメリカでは、「教会に行って悩みの相談をするよりも、精神分析医のところへ行く」ということが一般的《いっぱんてき》になってきています。これは、宗教に現代性が足りないことが原因です。

宗教に現代性が足りない、もう一つの点としては、前述したように、「釈迦《しゃか》やキリストの時代には、経済原理というものが十分に働いてはいなかったため、経済的な悩みを解決する教えが十分には遺《のこ》っていない」ということがあります。

経済的な問題について、宗教では、単に「執着《しゅうちゃく》を断《た》つ」という思想が出されているにとどまっているわけですが、その背景には、「当時は経済社会の発達が十分ではなかった」ということがあると思います。

それは、「お金持ちは、贅沢《ぜいたく》をして、威張《いば》っている。貧乏《びんぼう》な人は苦しんでいる。貧乏な人を助けなくてはいけない」「貧乏な人がお金持ちになろうとしていたら、『苦しみになるから諦《あきら》めなさい』と言う」、そのような極《きわ》めて素朴《そぼく》な理論です。これは、現代でも当てはまる面はかなりあります。

しかし、現代のマネジメント理論によると、「上手なマネジメントをすることによって、富の総合計が増える」ということが分かっています。それは、ここ二百年ぐらいで発見されたことです。

要するに、「一人ひとりがバラバラに働いていれば、その労働力の合計以上の生産物を期待することはできないが、みんなが智慧《ちえ》を集めて、良い仕事をすれば、一人ひとりがバラバラに働いて得られる以上の富を生み出すことができる」ということです。

これは近代産業社会の特徴です。

例えば、一人ひとりが鉄鉱石から鉄をつくろうとしても、それほどはできません。また、その鉄で物をつくるのも、なかなか大変です。しかし、資本金を元にして会社をつくり、大勢の人を雇《やと》い入れて、分業体制で行うならば、個人がバラバラに鉄製品をつくるよりも、遥《はる》かに良い出来栄えのものが大量にできます。そして、それによって得られる収入は大きいのです。

こういうことによって、富の総量が増えるため、各人の経済的な潤《うるお》いもまた大きくなってきます。

これは、釈迦やイエスの時代にはなかった思想であり、近現代の社会において起きた生産性上昇《じょうしょう》の理論です。

そのもとになったものは何かというと、「工場を建てて、物をつくり、それを販売《はんばい》ルートに乗せ、国内で販売したり輸出したりする」ということであり、また、「原材料を外国から安く大量に輸入できるようになった」ということです。こういうことのもとには、やはり、知的なものがあったと言えるでしょう。

この「知力ベース・マネジメント」を、当会は宗教に持ち込《こ》みました。これが、当会が他の宗教に比べて非常に強い競争力を持ち、短期間で成功した理由であり、また、他教団が駆逐《くちく》されている理由でもあろうと思います。

その意味では、「非常に頭の良い人が数多く集まってきている」ということも一つの経営資源であり、これは、将来的に発展する可能性を意味しているだろうと思うのです。

## 常に学習する態勢をとる

また、知力ベースというものは、単に、今持っている知識や、「今まで頭が良かった」ということだけで済むものではありません。経営資源としての知識というものは、未来に向けて無限大に広がっていくものなので、常に学習する態勢をとらないかぎり、今日は優秀《ゆうしゅう》なものが一年後には優秀でなくなるのです。それは、人においてもそうですし、組織においてもそうです。もっと新しいものが生まれてくるのです。

幸福の科学が発展の理論として使ったものを、他の教団も、一年後、五年後、十年後に、次々と模倣《もほう》しています。しかし、何かが違うと、失敗になることも数

**知力ベース・マネジメント**
**―学習する組織を目指す―**

- 情報を集める
- 情報の持つ付加価値を研究する
- 大勢の智慧を集め、良い仕事をする
- 常に学習する態勢をとる　など

多くあるようです。

当会の採った方法が、どのような成果を生んでいるかということは、個別の研究を要する部分があるので、結果だけを見て、同じ方法をまねればよいかといえば、必ずしもそうではありません。「こぶ取りじいさん」のように、逆の結果になることだってあるわけです。

ただ、知力をベースにすることで、未来社会を開くことができます。それは、宗教においても、まったく同じことが言えるのです。

その意味で、「学習する組織を目指すべきである」ということを言うべきだと思います。

## 2 タイムベース・マネジメント――仕事速度を重視する

### 時間を縮める

二番目は「タイムベース・マネジメント」です。これも幸福の科学の非常に特《とく》徴的《ちょうてき》な部分です。

時間は有限の資源です。誰《だれ》にとっても一日は二十四時間であり、組織で働いている人たちの時間を総計しても、人数分以上に増えるものではありません。

しかし、発展性の高いものは、どれもみな、常に、「どのようにして時間を縮めるか」というところに視点があります。時間を縮めることによって、発展するのです。

例えば、新幹線ができたことによって、日本のＧＤＰ（国内総生産）がそうとう膨大《ぼうだい》なものになったのは事実です。それは、一日にできる仕事の範囲《はんい》が非常に広がったことを意味しています。東海道を寝台車《しんだいしゃ》で下らなければならなかった時代、あるいは、歩いていかなければならなかった時代に比べて、ＧＤＰが増大した理由は、移動の時間が縮まったことにあるのです。

「時間を縮める」、あるいは「回転率を上げる」という方法は、成果を大きくする方法です。

季節商品というものがありますが、「夏のもの、夏の商品は、夏になったらつくる」ということだけならば、一年のうち、あとの季節は手が空いている状況《じょうきょう》になります。

「一年のうち、夏にしか生産活動や販売《はんばい》活動を行わない」という考えもあるかと思いますが、夏のものであっても、冬の間につくることのできるものもあります。例えば、「アイスクリームは夏につくるもの」と考えているかもしれませんが、冬につくって、それを保存しておいてもよいわけです。こういうこともありえます。

また、カレー屋でも、「お客さんが来てからつくる」という考え方もありますが、客の回転の速い店であれば、ある程度、事前につくって、冷凍《れいとう》しておく店もあるかもしれません。

時間の観点で行うと、いろいろなことが変化してきます。

「どのようにして時間を縮めていくか。どのようにして仕事速度を速めていくか。成果を出すまでの時間を、どのようにして速くするか」ということは、主として、次の成果を生むためのプロセスになります。一つのことが解決しないと、なかなか次のことには取りかかれないものですが、時間の部分を縮めると、それだけ次の仕事に早く取りかかれるのです。

究極の「タイムベース・マネジメント」は、「一日の苦労は一日にて足れり」ということです。「一日一生」という言葉がありますが、「その日のうちにできることは、その日のうちに全部やってしまう」ということです。

これは大事なことであり、「時期が来なければ働かない」「ほかの事情があってできないので、今日はしない」などということは、「タイムベース・マネジメント」から外れていることなのです。

「いかにして、時間を縮めていくか。いかにして、やり方を短縮していくか」ということが大事です。

時間を縮めることは、同時に、時間を生み出すことになります。例えば、ある場所へ行くのに、新幹線なら三時間かかるけれども、飛行機なら一時間で着くとすれば、二時間分を余分に働けるようになるわけであり、その分の時間が生み出されたことになるのです。

## 意思決定の速度を上げる

それから、この「タイムベース・マネジメント」は、「意思決定の速度を上げる」ということでもあります。

大きな組織になると、階層が増えるので、どうしても意思決定が遅《おそ》くなりますし、情報が届くのも遅くなります。これをどうやって崩《くず》し、アクセスタイムを短くするかということで、現代の企業《きぎょう》はみな苦労しているのです。大きな組織では、アクセスタイムを短くするために、電話、ファックスなど、文明の利器をいろいろと使っているわけです。

釈迦《しゃか》教団において、釈迦は四十五年間、何をしていたかというと、私がインドを視察して感じたかぎりでは、「大部分の時間は歩いていたのだ」ということが見えるのです。教団の拠点《きょてん》と拠点の間は、二百キロも三百キロも距離《きょり》があるので、一年のうち、ほとんどは、移動のために歩いていたわけです。「雨安居《うあんご》で、雨宿りをし、〝夏休み〟を取っていたとき以外は、ほとんど歩いていた」ということです。

そういう意味では、やはり、生産性は低かったと言わざるをえないのです。

現代では、その歩いていた部分が、活字になったり、ＣＤやＤＶＤになったり、衛星中継《ちゅうけい》になったりしているので、生産性は上がっているわけです。

このように、昔に比べて、現代では、人生の長さは同じであっても、使える時間が増えています。無駄《むだ》なものを排除《はいじょ》し、アクセスタイムを短くすることによって、時間を生み出すことができるようになっているのです。

したがって、新しい企業、ベンチャー企業をはじめとして、現在、急発展中の企業は、どこも、「タイムベース・マネジメント」を使っており、「どうやって速

## タイムベース・マネジメント

- 時間を縮める
- 回転率を上げる
- その日にできることは、その日にやってしまう（一日一生）
- 意思決定の速度を上げる　など

度を上げるか」ということを考えています。

昔は、「社長の決裁箱に、決裁書類が三日分も一週間分もたまっている」などということがよくありました。その間に社長は何をしているかというと、ゴルフに行っていたりしたのです。

しかし、今は、「いかに決裁速度を上げるか」ということに取り組んでいるのが普《ふ》通《つう》であり、さらには、「そもそも、決裁しなくてもよいようにする」という方向に時代は流れてきています。「判子を二十個も三十個も押《お》すようなやり方は、もう時代遅れである。なるべく現場に近いところに判断をさせる」という方向に、流れは来ているのです。

一番目に述べた「知力ベース・マネジメント」と、この「タイムベース・マネジメント」は、幸福の科学の非常に特徴的な面だと思います。

この二つは、宗教であろうがなかろうが、同じように働く原理なので、これを使えたところは発展速度が速くなります。

# 3 イノベーションを恐《おそ》れない

## イノベーションとは何か

三番目は「イノベーションを恐《おそ》れない」ということです。これも当会の非常に大きな特徴《とくちょう》かと思います。

イノベーションというものを、どのように捉《とら》えたらよいでしょうか。

経済学者のシュンペーター風に、「異質なものの結合」という面から捉える方法もあるでしょう。これもイノベーションです。「別なもの、異質なものの要素が結合されることによって、新しいものが生み出される」、こういうかたちでのイノベーションもあります。

あるいは、経営学者のピーター・ドラッカーは次のように言っています。

「イノベーションとは、新しいものをつくることだと思っているかもしれないが、そうではない。これまでのやり方は古くなっていく。だから、これまで成果をあげていたやり方を捨てなければいけなくなる。何かを一つだけ捨てるのではなく、これまでのやり方、システムそのものを、どさっと捨ててしまわなくてはいけない。この体系的な廃棄《はいき》こそがイノベーションである」

どちらの捉え方にも、面白《おもしろ》い面はあると思います。

イノベーションとしては、普通《ふつう》は、「新しい組み合わせによって新規のものを生み出す」という面が大きいでしょう。

例えば、水素と酸素が結合すると水ができます。水素も酸素も気体なのに、結合してできるものは、水という液体です。まったく新しいものができるのです。

## イノベーションを恐れない

これまで成果をあげていた
古いやり方を捨てる　**体系的廃棄**

新しい組み合わせによって、
新規のものを生み出す　**異質結合**

さらに、その水は、熱を加《くわ》えられると、気化して蒸気になります。そうすると、今度は、タービンを回したり、汽車や船を走らせたりする力になります。

酸素と水素が、結合によって、まったく違うものに変わり、新しい働きをするようになるわけです。

このように、新しい組み合わせによって新規のものを生み出していく力もイノベーションですし、また、「かつては成果を生んだが、すでに制度疲労《ひろう》を起こしていて、成果を生めなくなっているものを、体系的に廃棄していくこと自体が、新規のものを生み出す」というかたちでのイノベーションもあります。

## 役所にもイノベーションが必要である

役所のあり方が問題になっていますが、中央官庁などは体系的廃棄をしなければいけない時期に来ています。「何をどう手直しするか。何を変えるか」というようなことではなく、「何を捨てるか」という方向から徹底的《てっていてき》に考えなくてはいけません。「本当に要《い》るのか。なくてもよいのではないか」という視点から考えていく必要があるのです。

おそらく、要らないものは山のようにあり、ほとんど、民間企業《きぎょう》の邪魔《じゃま》をしているようなかたちになっていると思います。かつて、「敗戦後の日本を立ち直らせる」というようなことにおいては、役所主導型で非常にうまくいったのですが、民間が力を持ってきたため、今度は、許認可行政における、さまざまな規制が、民間の仕事の邪魔をする面が強くなってきているのです。

そのため、今、イノベーションが必要になっているわけです。

そのことを国民があちこちで感じているために、官庁への不満が非常に強いのだと思います。民間の仕事の邪魔をし、効率の悪い運営をしていながら、威張《いば》っていて、「税金がまだまだ要る」と言っているのは、どう考えてもおかしいわけです。

社会の発展につながるような、良い行政をしてくれるのであれば、税金をもっと納めてもかまわないのですが、現状では、税金を納めても納めても、役所が肥大化し、規制ばかりが増えて、民間は仕事がやりづらくなってくるだけなのです。

当会で言うと、例えば、新しい雑誌を出す際には、雑誌の名前一つを決めるにも、特許庁の許可をもらわなければいけないのですが、その場合、いろいろな規制があって驚《おど》ろきました。

まず、すでに似たような名前のものがあると、許可されません。たとえ、その雑誌が、現在は活動していない会社のものであっても、そうなのです。

また、私は、漢字と片仮名、英語を結合させた雑誌名を付けたのですが、特許庁からは、「そういうものは、類例がないので許可できません。漢字は漢字、片仮名は片仮名、英語は英語にしてください」と言われ、許可が下りませんでした。

このように、役所は非常に不思議な仕事をして、民間を圧迫《あっぱく》しています。「民間を圧迫して活動できないようにし、仕事速度を遅《おく》らせる」という仕事をしている業種があるのです。

この状態で、役所のほうは「増税する」と言っているため、民間の反乱が起きつつあるのだと思います。これは、仕事理論から見て、そうならざるをえないのです。

## イノベーションは痛み を伴《ともな》う

当会はイノベーションが非常に速いのですが、イノベーションには非常に難しい面があります。これまで自分たちにとって大事であったものや、成功の要因であったもの、うまくいっていたものを、自ら捨てていくことがあるため、自分の内部に敵と味方が住んでいるようなかたちになるのです。

当会で言えば、初期には霊言集《れいげんしゅう》を数多く出していましたが、やがて、そのやり方は惜《お》しげもなく捨ててしまい、理論書中心に移行しました。

また、当会は発展速度が速いため、最初は、すべて借り物のビルで本部や支部などを展開していましたが、家賃というかたちで資金が外部に流出していくので、一定の時期を過ぎたら、今度は、「自前の建物を建てて、資金を内部にためる」という方向に変えました。こういうかたちでのイノベーションが起きてくることもあります。

それから、大講演会なども、一定以上の規模になると、コストが高くなってきます。大きな会場をたくさん借りると、会場費が非常に高いものになります。

さらに、大講演会などは休日に開催《かいさい》するため、本来、休日に会員が集まって、活発に行事が行われるべき支部のほうは、がら空きになってしまい、イベント会場など、高いお金で借りている会場のほうに人が集まることになります。支部は支部で家賃を払《はら》っているのに、それ以外に、別途《べっと》、大きな会場を借りる経費が必要になり、さらに、衛星中継《ちゅうけい》の費用もかかるわけです。

このように、一定以上の規模になると、不経済な面のほうが大きくなってくるのです。

そこで、そのやり方をパタッとやめて、ビデオ（ＤＶＤ）での収録に替《か》え、支部で法話の拝聴会《はいちょうかい》を開催するようにしました。そして、今では、現場主義も取り入れて支部巡錫《じゅんしゃく》をやったり、重要なものは海外まで衛星中継をかけたりすることもあります。

当会は、そのときどきの規模に応じて、経済効果など、いろいろなことを考えながら、そのつどイノベーションを行っています。そのため、外から見ると、よく分からないところがあるかもしれません。

「一定の限界が出た」と思ったら、「それをどうブレイクスルー（突破《とっぱ》）するか」ということを常に考える必要があります。

ただ、イノベーションには痛みが伴《ともな》います。イノベーションには、これまで成果をあげていたものを捨てていく面があるので、そういう意味で、どうしても痛みを伴いますが、発展を続けたければ、どこかで、そういう外科手術をしなければいけないのです。

## 4

# 弱者の兵法、強者の兵法

### 組織の強みと弱みに合わせた戦略・戦術を立てる

四番目は「弱者の兵法、強者の兵法」です。これも大事です。

どの組織体も、その特徴《とくちょう》を分析《ぶんせき》すると、「すべての面でナンバーワンである」ということは、あまりありません。どこも、ある程度の強みは持っていますが、弱みも持っています。

したがって、自分の組織の強みは何であるのかを考えて、強みのところで勝っていき、弱みのところでは、被害《ひがい》を出さないように、上手にやらなければいけません。

そのように、「一つの組織のなかにも強みと弱みがある」という考えがあります。

また、「一定の業界のなかで、自分たちの置かれている立場がどのあたりであるか」ということによって、相対的にスケールや力が小さい場合は弱者になり、大きい場合は強者になるため、「それぞれのスケールや力によって戦い方が違《ちが》ってくる」ということは当然あります。

この辺が、経営において、非常に微妙《びみょう》でもあり難しくもあるところです。

経営者は、まず、自分たちの組織の規模を見て、弱者か強者かを考えて戦略を立てなくてはいけないし、弱者と強者のどちらであるかを決めても、「その組織のなかにも強い面と弱い面がある」ということを考えなくてはいけないのです。

例えば、「資金が非常に多く、資本の蓄積《ちくせき》の面では強者であるけれども、技術面は弱い」というところがあります。反対に、「お金はあまりないけれども、技術面は非常に強い」というところもあります。この場合は、技術の強いことが強者の面です。あるいは、「技術も弱いし、お金もないが、ＰＲだけは上手だ」というようなところもあります。

組織には、それぞれのキャラクターがあり、強みと弱みを持っているので、それに合わせた戦略・戦術を立てていかなければならないのです。

## 弱者の兵法――強みの部分で戦う

一般《いっぱん》原則としては、弱者は強者と総力戦で戦っても勝てません。これが一般原則なのです。総力戦では、「小さなところが大きなところと戦って勝てる」ということは、まずありえません。

したがって、自分は弱者だと思ったならば、自分の強みのところで勝つべきなのです。

例えば、小さな会社でも、「技術だけは非常に優《すぐ》れている」ということがあります。

あるいは、「この技術に関しては優れている。大企業《だいきぎょう》も手が出せないような、限定的な技術において、非常に優れている」ということがあります。こういう会社は、その部分で徹底的《てっていてき》に戦うことです。

これが、いわゆるニッチ産業、隙間《すきま》産業です。大きなところは手が出せないような隙間の部分があり、それをニッチといいます。そういう隙間の部分を徹底的に攻《せ》めると、そこに穴が開いていって、道ができてくるのです。

ところが、そのニッチの部分のマーケットが一定以上の規模になると、資本の大きな大企業が参入してきて、市場を奪《うば》われてしまうこともあります。そのときには、次の態勢を考えなければいけません。自らも大きくなるか、あるいは、別のニッチ、隙間のところを見つけていくか、そういう方法があります。

弱者の兵法は、基本的に、隙間を狙《ねら》っていくニッチ型なのです。強者が油断している隙間、強者が手を出さない隙間のところに攻め込《こ》んでいく、意表をつく攻め方をしていくのが、弱者の兵法です。

例えば、桶狭間《おけはざま》の戦いにおける織田信長の戦い方もそうでしょう。今川義元の軍は三万人とも五万人とも言われる大軍であり、信長の軍勢は二千人か三千人であったと言われています。十倍ぐらいの差があったのは間違いないと思うので、平地で戦えば、信長軍はまず勝てません。当然です。平地で合戦をしたら、普通《ふつう》は十倍の敵には勝てないのです。

そこで、信長の家臣たちは、「まともに戦っても、どうせ勝てませんから、籠城《ろうじょう》して持ちこたえましょう」と進言しました。しかし、この戦い方でも、結局は敗れます。それは間違いありません。

この場合、勝ち目のある戦法は、ただ一つです。戦《いくさ》においては、大軍の弱点というものがあるので、そこを攻めることです。

大軍は、行軍のときに、速度が遅《おそ》く、また、「兵線が伸《の》びる」といって、軍隊が非常に長く伸びてしまいます。

これは『三国志』の時代でもそうです。少数の軍隊が、百万の軍隊と、一カ所に集結して戦ったならば、そのような大軍勢に勝てるはずはありません。しかし、それほどの大軍隊であっても、移動するときには、「八百里にわたる軍勢」というように、細長く伸びているので、その一部分を攻撃《こうげき》されると非常に弱いのです。劉備玄徳《りゅうびげんとく》も義兄弟の関羽《かんう》のあだ討ちで長蛇《ちょうだ》の陣を敷《し》いて、中軍《ちゅうぐん》をうたれ、呉《ご》に敗れています。

桶狭間の戦いにおいて信長が採った戦法は、まさしく、これです。

今川軍は、何万の大軍勢ではあっても、街道《かいどう》を歩いていたために細長く伸びていました。その中軍あたりに今川義元がいたのですが、そのとき、ちょうど、お昼の弁当の時間であり、また、雨も降っていたらしくて、休息をしていたのです。その一部分において大将の義元を護《まも》っているのは少人数なので、そこに襲《おそ》いかかれば勝てるわけです。

これは、戦闘《せんとう》の理論から言っても勝てる戦いです。普通は十倍の敵には勝てませんが、その場において戦う相手は、十倍ではなくて少人数なので、そこに不意打ちをかけると勝てるのです。

もちろん、その前には情報戦が当然あり、情報を得ていなくてはなりません。信長は、「今川義元は、この場所で休息している」という情報を得ていたので、そこを狙ったと言われています。しかも、その情報をもたらした者を軍功第一としています。

したがって、相手が大軍であっても、弱い部分を一カ所、集中して攻めれば、勝てることがあるのです。

これは経営のレベルでもまったく同じです。

「ガリバー企業」と言われるような大企業に、全部の面で勝とうと思っても、勝てはしません。しかし、その企業のなかにも弱いところがあります。あるいは、自分の会社のなかに、「この部分は特別に強い」というところがあったりします。その部分で戦えば、勝てることはあるのです。

それから、「相手は手を広げすぎているので、その隙を突《つ》き、油断しているところを攻める」という勝ち方もあります。

こうしたことが弱者の兵法です。

弱者の兵法では、自分の強みでもって戦うことが大事です。隙間であっても、自分の弱い部分を前面に出して戦うと、当然、負けるので、強い部分で戦うことが大事なのです。こういうことは行われています。

## 強者の兵法――大軍で囲む

強者の兵法は、その逆で、「相手が少なければ、大軍でもって囲む」という戦略です。

これは豊臣秀吉が得意とした戦法であり、特に、彼が天下人になってからは、たいてい、これでした。敵と味方の軍勢を見て、敵のほうが一兵でも多いときは絶対に戦わず、和睦《わぼく》をするなどの政治的手腕を使います。そして、自分の軍勢のほうが多いとなったら、攻めかかるのです。

だいたい相手の十倍ぐらいの軍勢で攻めています。小田原を攻めたときも、秀吉は十倍ぐらいの大軍で攻めました。そうすると、相手は戦意をなくしてしまうので、戦わずして勝ち、味方の被害が少なくて済むのです。

相手と同じような戦力で戦うと、被害が非常に大きくなります。例えば、「一万人」対「一万二千人」という戦いでは、かなりの死傷者が出ます。ところが、「一万人」対「十万人」になると、たいてい、一万人のほうは戦意をなくしてしまいます。勝負をしても一瞬《いっしゅん》で負けてしまうことが分かるので、戦わずして降参するのです。

こういうことはあります。これが強者の兵法です。

## ランチェスター法則

第二次世界大戦中に使われたものに、「ランチェスター法則」というものがあります。これは航空機の戦いにおける法則です。

日本のゼロ戦は非常に強く、アメリカの戦闘機は、性能ではゼロ戦に勝てませんでした。ゼロ戦は機体が非常に軽く、反転する能力も非常に高いので、第二次世界大戦の前半においては、アメリカはゼロ戦にさんざんやられたのです。

そこで、アメリカがどういうことを考えたかというと、「三対一で戦えば勝てる」ということでした。「いくらゼロ戦が優秀《ゆうしゅう》であっても、こちらが三機で向こうが一機であれば、負けることはまずない」ということです。それは当然です。三対一であれば、そうなります。

戦闘機をどんどん生産し、ゼロ戦一機に対して三機で当たるようにすれば、アメリカのほうは被害をほとんど出すことなく、相手を全滅《ぜんめつ》させることができます。工業力が強ければ、それができるのです。

「ゼロ戦の性能が良い」とか、「操縦している人の腕が良い」とかいっても、三機で、前からも後ろからも上からも攻められたら、「多勢に無勢」であり、一般的に見て、勝てるはずがありません。

日本の戦闘機乗りが、二千時間も三千時間も操縦の経験を積んで、熟練していても、アメリカの戦闘機に、だんだん落とされていきます。その結果、熟練したパイロットの数が少なくなって、新米兵ばかりになれば、簡単にパタパタと落とされるようになっていきます。

「戦闘機乗りが優秀だ」と言っても、彼らはどんどん死んでいき、「優秀な戦闘機だ」と言っても、その数はどんどん減っていくのです。

生産能力が低くて、戦闘機の数が少なくなればなるほど、最後は袋叩《ふくろだた》きのような状態になります。

結局は工業力がものをいうので、戦いが長くなると勝てないのです。

このように、アメリカ軍は、航空機の戦いにおいて、ランチェスター法則を使い、日本軍を三倍の数で攻めたのです。

アメリカ軍は、日本軍が占領《せんりょう》している島を攻めるときにも、同じやり方をしました。

日本軍は、その戦線に、総計では、例えば十万人なり三十万人なりの軍がいると言えたのですが、なぜか、島に執着《しゅうちゃく》をして、あちこちの島にパラパラと兵隊を置いていました。

この日本の三十万人の軍隊が一カ所に集結していれば、アメリカ軍の上陸兵が三万人であったときには、当然、日本軍のほうが強いのですが、日本軍は、どの島も失いたくないために、軍隊をあちこちの島に、バラバラに置いていたのです。

そこで、アメリカ軍は、バラバラに配置されている日本軍を、本当にバラバラにしてしまうために、まず、「輸送船を狙い、補給を断つ」ということをしました。輸送部分を切ってしまったのです。

軍の艦船《かんせん》ではなく、民間の輸送船を沈《しず》めるとなると、本当は国際法違反なのですが、まず、輸送船のほうを沈めていって、補給をつけさせないようにしたのです。その部分を切ってしまえば、島で軍隊が孤立《こりつ》します。

そして、ある島に日本軍がだいたい一万人いるとすると、そこに三万人ほどの海兵隊を送り込んで、三対一にしました。三倍の兵で攻撃をかけると、相手を全滅させることができるのです。

例えば、日本軍が三万人だったとしても、それが一万人ずつ三つの島に分かれていたならば、三万人の兵力で一つずつ島を攻められると、どれも全滅するわけです。日本軍は、これでやられました。

こういうことが強者の兵法です。

強者と弱者には、一般的に、「全体の規模が大きいか小さいか」ということもありますが、それ以外に、その場所での強者と弱者がありうるのです。これを知らなくてはなりません。

## 相手を分断し、弱い部分を集中して攻《せ》める

相手のほうが大きい場合、力が強い場合には、その力を分断していかなくては

**弱者の兵法**

- 自分の強みで戦う
- 強者が油断している隙間（ニッチ）や、強者が手を出さない隙間を攻める
- 相手の力を分断し、弱いところを集中して攻める

**強者の兵法**

- 大軍でもって囲む

なりません。相手を分断して小さくしていき、弱い部分を集中して攻《せ》めるのです。そういう戦い方が大事です。

例えば、ナポレオンと戦ったプロシア軍がそうです。

フランス軍は、ナポレオンがいる所では、いつも強者であり、負けなかったのですが、ナポレオンがいない所では弱かったのです。これをプロシア側が見《み》抜《ぬ》き、「ナポレオンがいる所では逃げよ。相手が攻めてきたら、てきとうに戦って退《ひ》け」ということにしたの

です。

それまでの戦の戦術からいくと、「逃げたら負けであり、相手を追い込んでいって、追撃したら勝ちである」ということなので、すぐに逃げるプロシア軍に対して、ナポレオンはいつも勝っているのです。ところが、プロシア軍は、またどこか別の所に現れるわけです。

プロシア軍は、逃げることを負けとは見ていませんでした。「ナポレオンには勝てない。だから、ナポレオンが出てきたら逃げよ。ナポレオンがいない所を叩け」ということです。そして、「ナポレオンがいない所は弱いので、そこへ攻めかかって潰《つぶ》す」ということを繰《く》り返し、相手の戦力を削《そ》いでいきました。

フランス軍は、ナポレオンがいる所では強者なのですが、いない所では弱者であったのです。一方、プロシア軍のほうは、ナポレオンがいる所では弱者ですが、いない所では強者になれたのです。

　そのように、プロシア軍は、「ナポレオンがいる所では逃げ、いない所では、嵩《かさ》にかかって、たたみかける」という戦い方をしました。

　項羽《こうう》と劉邦《りゅうほう》の時代の名将・韓信《かんしん》が百戦百勝の無敵・項羽を破った「十面埋伏《じゅうめんまいふく》」の戦略も、少しずつ相手の戦力を削ぎ、項羽軍を疲れさせ、少数にして孤立させ、最後は包囲殲滅《せんめつ》するという作戦でした。

　こういう戦い方があることを知らなければいけないでしょう。

## 5 絞《しぼ》り込《こ》みの理論（集中の法則）

### 経営資源の集中投下

四番目の「弱者の兵法、強者の兵法」とも関係しますが、五番目に、「絞《しぼ》り込《こ》みの理論（集中の法則）」というものを挙げたいと思います。

戦《いくさ》において、「いつも総力戦で戦い、すべての部門を最大限に働かせて勝つ」ということは、よほど力が強ければ可能ですが、たいていの場合は、そうはいかないし、発展期の企業《きぎょう》においては、何もかも揃《そろ》っているということは、ありえないのです。

小さい規模から始めた場合には、人材など、いるはずがありません。人材も資金もなく、工場や建物もそれほど十分ではないのが普通《ふつう》です。そのため、組み立て工場にガレージを使っていることもあります。アップル・コンピュータも、最初はガレージのなかでつくっていました。そういうものなのです。

最初は規模が小さいため、すべてにおいて経営資源が不足しています。あるものといえば、たいていの場合、アイデアか、創業者の非常に優秀《ゆうしゅう》なリーダーシップぐらいであり、人は一人か二人しかいないものです。

それが、大きくなるにつれて、だんだん、いろいろな経営資源を揃えていかなくてはならなくなります。そういう戦い方が大事です。

経営資源が有限のときには、すでに大きくなっているところと同じような戦い方はできないので、できるだけ絞り込まなければいけません。数少ない人、数少ない物、数少ないお金などを、いちばん効果的なところに集中投下しなければばい

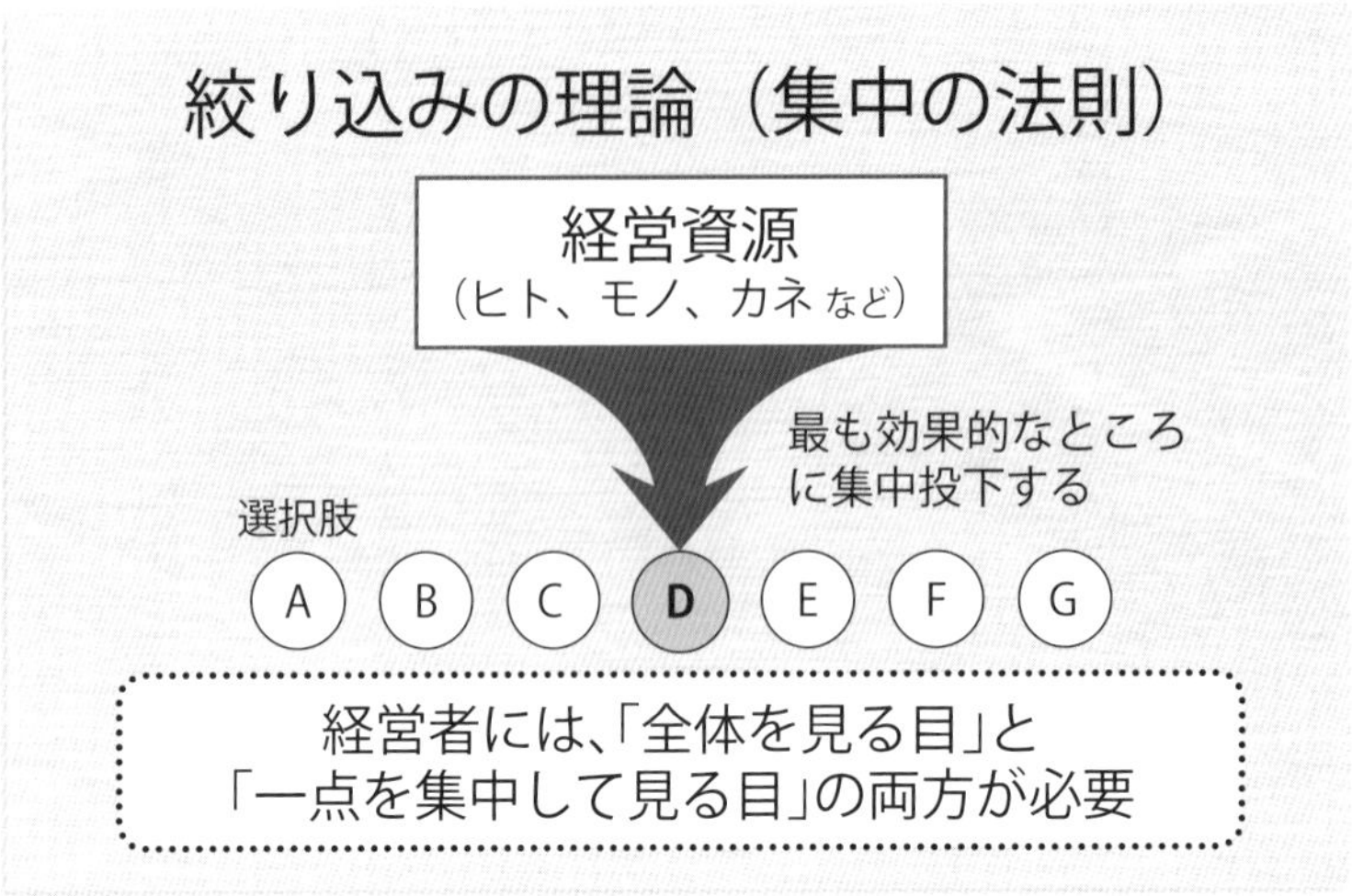
絞り込みの理論（集中の法則）
経営資源
（ヒト、モノ、カネなど）
最も効果的なところ
に集中投下する
選択肢
A
B
C
D
E
F
G
経営者には、「全体を見る目」と
「一点を集中して見る目」の両方が必要

けないのです。そうしないと、道は開けません。

儲《もう》からないところに、いくらお金を注《そそ》ぎ込んでも、お金が消えていくだけです。

資金の豊富な大企業が、「一定の比率で、新規のものを研究する。その部分は赤字でもよい」というような場合はよいのですが、「手元にある資金は一千万円だけであり、この一千万円をつぎ込んで失敗したら終わりだ」という場合には、その一千万円は、最も効果を生むところに投入しなくてはいけません。そうでないと、うまくいかないのです。

これが絞り込みの理論です。

絞り込みをせずに総花的にやると、「どの部分も、コストがかかるわりに成果が少ない」ということがあります。

これを具体例で説明しましょう。例えば、セブン - イレブンというチェーン店がありますが、似たような店はたくさんあって、競争を繰《く》り広げています。

創業当時のセブン - イレブンのトップはアイデアマンだったので、弁当を売り出すときに、百種類ぐらいの弁当を考えついたそうです。「百種類ぐらいあれば、毎日、近所の人に食べてもらえる」というわけです。「毎日、違《ちが》う種類の弁当を食べたとしても、一年に三回しか同じ弁当を食べなくて済むので、これなら喜ばれるだろう」と思って売り出したところ、大失敗だったというのです。

失敗の原因は、考えてみれば分かるでしょう。

弁当を百種類もつくると、お客さんにとっては、「どれを選ぼうか」ということで、面白《おもしろ》い面もあるかもしれませんが、お客さんは、それぞれ、いろいろな種類のものを買うため、単品ごとの売り上げ数は、それほど多くありません。

しかも、当然ながら、つくるのに手間がかかり、生産コストは非常に高くなります。また、仕入れも、材料を大量に仕入れることができないので、安くなりません。

それから、お客さんのほうから見ても、百種類もあると、実際には、どれを買ったらよいかで迷い、まごついてしまいます。

そういうことがあって弱かったのです。

そこで、百種類の弁当を、よく売れている十種類ぐらいに絞り込んだところ、収支が非常によくなり、黒字になったということです。これはよく分かります。

例えば、シャケ弁当を何百個も売るのであれば、シャケを大量に買えるので、当然、仕入れ値は安くなります。また、つくり方をパターン化してあるので、弁当をつくる人たちも、十種類ぐらいなら、非常に手慣れたかたちでつくれます。

弁当を百種類もつくるためには、かなりの技術が必要になり、そういう技術を持ったプロのような人を雇《やと》うとなると大変なことになりますが、シャケ弁当や焼肉弁当ぐらいだけであれば、素人《しろうと》を使ってもやれます。

そこで、売れ筋のものに絞り込んで十種類ぐらいにしたところ、採算がとれるようになって、非常に成功したわけです。

創業者というものは、えてしてアイデアマンであることが多いので、いろいろなことを次々と思いつくのですが、その思いつきのなかには、いわゆるペイしないもの、採算のとれないものが入っていることも多く、コスト倒《だお》れが起きることもあるのです。

アイデアを出すことは大事ですが、一定の実験をしてみて、「これは、コスト倒れになるので、よくない」と思ったならば、ある程度、絞り込みをかけなくてはいけません。有効なものに絞り込んでいくことが大切なのです。

## 受験勉強における絞《しぼ》り込《こ》み

この理論は、ほかの分野にも応用できます。

例えば勉強でもそうです。あまり、頑張《がんば》って手を広げすぎると、知識が拡散してしまい、実力が上がるまでに非常に時間がかかってしまいます。

受験勉強は、三年単位のもの、あるいは、期間を絞《しぼ》り込《こ》めば一年単位のものでしょう。一年間で自分が勉強できるものを考えると、時間は非常に限られています。受験勉強は、結局、限られた時間で合格水準を超《こ》えることが目的なのです。

一生をかけて教養を身につけることは非常に大事であり、これはこれでやっていかなくてはなりません。しかし、受験という当面の目標を考えたときには、例えば、一年後の二月や三月までに、要求される合格水準を超えることが大事なのです。

試験に出ないものを一生懸命《いっしょうけんめい》に覚えても、そういう学力自体は試験では測《はか》られません。したがって、受験勉強においても、絞り込みの理論が必要になってきます。

例えば、英語の教材は無数にあり、たくさんの教材をあれこれ読み歩いていると、結局、どれも身につかずに終わります。どの教材も、少し、つつく程度、あるいは、半分だけ、つつく程度で、十冊、二十冊とやっても、当然、それらを一年間でマスターすることはできません。

教材は、あれもこれも欲しいのは事実ですし、読みたいのも事実、勉強したいのも事実なのですが、「合格という目的に照らして、最も適切なテキストはどれなのか」ということを考え、ある程度、テキストを絞り込まなければいけないのです。一年という限られた時間を考えたとき、「とりあえず、これ一冊をやれば受かる」というものがあるならば、それに絞り込んでいかざるをえないわけです。すでに合格した先輩《せんぱい》などの体験談とか、予備校や塾《じゅく》のアドバイスとかで、「この教材がいちばん良い」というものがあれば、それをまずマスターすることに全力を注ぐことです。そうすると、一年という短期間で合格レベルに達しやすいのです。

ところが、例えば三冊をマスターしようとしても、なかなか、そうはいきません。

一定の実力をつけるためには、「繰り返し」ということも必要であり、三回、五回と、繰り返せば、力がつくのですが、いつも新しい問題だけをやっていると、点数が伸《の》びないのです。

この辺をよく知らなければいけません。

受験情報を知らないような、地方の受験生などは、たいてい、こういう部分で失敗します。受験情報がよく飛び交っているような所の受験生は、それほど外さないのですが、情報があまりない所の受験生は失敗しやすいのです。

それから、大学受験に失敗して浪人《ろうにん》をする場合でも、いわゆる宅浪《たくろう》、自宅浪人をしている人が失敗しやすいのは、この部分なのです。勉強時間が一日中あると、無限に勉強できるような気持ちになり、「これもやろう。あれもやろう」と、いろいろな教材、参考書を買ってきます。その結果、一年では時間が足りなくなり、結局、どれも身につかなくて合格できないのです。

ところが、予備校では、おそろしく薄《うす》い教材で授業をしています。なぜかというと、予備校側は、「受験生たちは、時間がなくて、教材を消化しきれずに、あっぷあっぷしている」ということを知っているからです。そこで、「薄い教材を消化させることによって、受験生に達成感を味わわせる。そして、繰り返しをさせて、覚えさせる」ということをしています。

このように、「短時間で、いかに成果をあげるか」ということであれば、重要なものに絞り込んでいくことが非常に大事になるのです。これをやらなくてはなりません。

## 経営者に必要な二つの目

この方法は、必ずしも人生の最終的な勝利につながるものではありませんが、人生のいろいろな区切りにおいてバーを越《こ》えることには、おそらく役立つはずです。時間的な締《し》め切りがあるものについては、やはり絞り込みが必要です。

一方、締め切りがないものについては、広範《こうはん》な関心を持って、努力していかざるをえないと思います。

経営においても、決算というものがあるので、「とりあえず、今期、赤字をどう乗り切るか」という問題があります。「この手形が落ちないと、今期は大変なことになる」ということであれば、そこに集中して、いろいろな手を打たなければいけません。

しかし、長い目で見て、会社の発展・繁栄《はんえい》を考えるならば、いろいろなことに関心を持ち、研究もしていかなければならないことも事実です。

このように、「長く広い目」と、「短期的な、集中した目」と、この両方が必要です。鷲《わし》のごとく遠くから見るような目も必要ですが、同時に、獲物《えもの》を見つけたら、集中して、その動きだけを追うような目も大事です。この両方の目を持っている必要があるのです。

特に、経営者は、広角レンズのような目と、虫眼鏡《めがね》で見るがごとく、一点を拡大し、じっと見て分析《ぶんせき》するような目と、この両方を持っていないと、うまくいきません。片方だけでは駄目《だめ》です。

技術者的な人は、一点だけを集中してよく見ることはできるのですが、全体が見えないことが多いのです。逆に、全体が見えても、一点だけを集中して見ることのできない人もいます。評論家的に、いろいろなことをアバウト（大まか）に知っていても、経営資源の集中投下を知らない人は、評論家はできても経営者はできないのです。

これも兵法の一つでしょう。人生を漠然《ばくぜん》と「何十年」と考えるのではなく、一定の区切りで考えるのであれば、やはり、集中の法則は使わざるをえないのではないかと考えます。

## 6　波状攻撃《こうげき》の理論

### 波の頂点から頂点へと走る

六番目は「波状攻撃《こうげき》の理論」です。

物事はピークが来れば必ず下ります。仏教的に言えば「諸行無常《しょぎょうむじょう》」ということですが、これは法則なのです。何であってもそうです。運動であろうが、勉強であろうが、芸術であろうが、体力であろうが、ピークが来れば必ず下るのです。

これを経営的な面で見ると、何かの商品を販売《はんばい》している場合、その商品の売り上げが伸《の》びていくときは非常に儲《もう》かりますし、発展するのですが、その商品にも

### 波状攻撃の理論

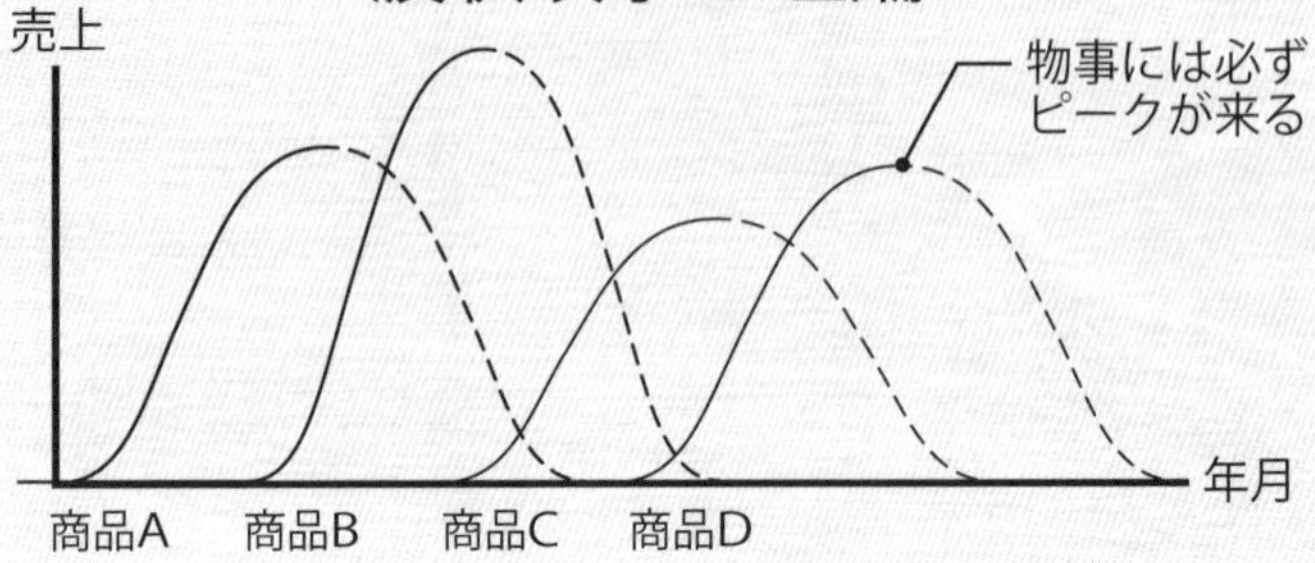


波のサイクルを予想し、あらかじめ次の商品の
波を準備しておくことが大切

必ずピークが来ます。

この「物事には必ずピークが来る」ということは法則なので、あらかじめ知っておかなくてはいけません。一年後か三年後か五年後かは商品によって違《ちが》いますが、ピークは必ず来るのです。したがって、ピークが来ることを、ある程度は予想しなければいけません。

ピークというものは、図形で言えば、波の形の頂点のようなものです。必ず頂点が来て、そのあと下がり始めるのです。

例えば、新しい商品を売り出して、それ

がよく売れたとしても、やがては、ほかの商品に押《お》され、消えていきます。これは当然のことです。新商品を出してヒットしても、似たような商品がたくさん出てきて、しのぎを削《けず》っていくうちに、だんだん落ちていきます。こういうことがあるのです。

一つの商品だけで勝負をすることは、頂点が一つだけになるので、長期にわたって何十年も会社を運営し、大勢の従業員を養っていくためには、極《きわ》めて危険性が高いのです。

したがって、その商品の波が頂点に来る前に、次の波をつくっておかなくてはいけません。「一つの波が頂点を過ぎて、しばらくしたら、次の波の頂点が来る」というように、何年かおきに次の波の頂点が来るようにしていかなくてはならないのです。そうすると、いつも波の頂点から頂点へと走っているようなかたちになってくるわけです。

これを「波状攻撃の理論」といいます。

物事は必ずピークが来るので、その波のサイクルを、ある程度、予想し、次の波を準備しておかなくてはいけないのです。

## 大きな波を起こす

ただ、波のサイクルが短すぎると、今度は、それぞれの波の成果が少なくなることもあるので、気をつけなくてはいけません。

例えば、当会は初期に、「霊言《れいげん》の真実性の証明」という目的があり、「霊言集を、いかに速く数多く出せるか」ということで、二週間に一冊ぐらいのペースで出していたことがあります。

そのようなペースで出すと、発刊後の二週間はベストセラーによく載《の》るのですが、次の本が出ると、前の本がベストセラーから消えます。初期においては、新しい本を発刊すると、二週間で一万五千部ぐらい売れるのですが、頑張《がんば》って、すぐに次の本を出すと、前の本の売れ行きが下がって、次の本が売れ始めるのです。

　これは波が少し小さすぎたのです。ちょっと頑張りすぎたわけです。

　そこで、発刊のペースを二カ月おきか三カ月おきぐらいにして、大きな波を起こすようにしたところ、以前は一冊が一万五千部ぐらいしか売れなかったのに、一冊の売れ行きが五万部になり、十万部になり、二十万部になってきたのです。

「これで勝負をする」というものに関しては、ある程度、大きな波を考えなくてはいけません。大きな勝負を一年に一つか二つするのであれば、やはり、一つのものを長く売らなければいけないのです。

　例えば、一冊の本でも、一年間、上手に売っていくと、それが、よく売れる本であれば、たいてい、二、三十万部は売れます。ところが、一カ月ぐらいの期間では、周期が短すぎて、いくら売れても、それほど数は出ません。一年間にわたって引き延《の》ばしていけば、二、三十万部は出るものでも、一カ月間だけに絞《しぼ》ると、数万部程度で止まってしまうのです。

そういうことがあるので、長期の大きな波を起こす場合には、ほかに出す本との組み合わせをよく考える必要があります。ただ数多く出せばよいというものではないのです。

そういう何十万部も売れる本を出す場合、それ以外の本として、「三万部から五万部ぐらい売れればよい」というターゲット本なら出してもよいのですが、大ベストセラーを狙《ねら》うような本を立て続けに出すと、むしろマーケットが小さくなっていくことがあるわけです。

## 長く売れ続けるものをつくる

本の場合、寿命《じゅみょう》はその程度ですが、一般《いっぱん》の商品の場合は、もう少し寿命の長いものもあります。三年ぐらい売れ続けるものもありますし、昔のダットサンのように、もっと長く売れ続けるものもあります。あるいは、オロナミンCドリンクのように、東京オリンピックのころに出て、いまだに売れているものもあります。

そのように長く売れ続けるものをつくれば、収益も非常に良くなります。ロングセラー、ロングヒットの商品を一つ出すと、会社の経営は非常に安定するのです。

しかし、そういう商品は、なかなか出ないものです。それを出すことができれば、一本のヒットで大きな会社ができます。

それから、出した商品が非常に当たった会社が、類似品、似たような商品を自分で出して、前の商品を潰《つぶ》してしまうこともよくあります。これは怖《こわ》いところです。

以上が「波状攻撃の理論」です。

物事にはピークがあるので、そのピークがどの時期に来るかということを考えて、次の波を用意することが大事です。第二波、第三波というものを考えなくてはいけないのです。

幸福の科学の歩みを見ても、波状攻撃はかなり行《おこな》っています。「次は何をするか。次の次は何をするか」ということを考えて、波状攻撃をかけているのです。

## ７　ＰＲの理論

七番目は「ＰＲの理論」です。

ＰＲというと、非常に企業的《きぎょうてき》な感じがしますが、ＰＲは、もともと宗教から出た考え方であり、ＰＲの本場は宗教なのです。

ＰＲは、宗教にとって、ある意味では、そのすべてであると言ってもよいのです。「その教え、教義を、いかにＰＲし、流布《るふ》するか」ということが、宗教の仕事のほとんどすべてであるので、ＰＲは宗教の使命そのものでもあります。ＰＲは、企業的なことに思えるかもしれませんが、実は宗教的なことでもあるわけです。

昔の宗教を見てみると、ＰＲ理論が生きていることがよく分かります。

古代においては、現代のような新聞広告もテレビコマーシャルもなかったので、「いかにしてＰＲするか」ということは、非常に難しい問題でした。

例えば、イエス・キリストの受難はＰＲそのものです。

人間は、よい話にはあまり反応しませんが、悪い話や悲劇、スキャンダルには過剰《かじょう》に反応するのです。「人が死んだ」などという悪い話に対しては、だいたい、よい話の十倍の感度で反応します。「よいことがあった」というような話には、そこまでは反応しないのですが、人が一人か二人、変わった死に方をしたりすると、すぐにニュースになります。

人間は必ず死ぬものであり、毎日、どこかで誰《だれ》かが死んでいるので、人間の死は、本当は珍《めずら》しくはないのですが、悪いことに過剰反応するのが人間なのです。

「イエスが十字架上《じゅうじかじょう》で死刑《しけい》になった」ということは、その時点においては大変

## 宗教に見るＰＲの例

**仏教（釈迦教団）**
- 千人以上の出家者
- 頭を剃り、柿色の衣を身にまとう
- 王など有名人の帰依

**キリスト教**
- イエス・キリストの受難
- 十字架のマーク
- ルターの九十五箇条の質問状

なことだったでしょう。しかし、ＰＲ理論から言えば、「お金もないのにＰＲするには、これに限る」というやり方にも見えます。

「磔《はりつけ》になって死んだ」ということは、当時の大スキャンダルなので、評判になります。凡人《ぼんじん》には、その特徴《とくちょう》として、よいものも悪いものも区別がつかず、何であれ、評判になったものに対しては、「よく分からないが、すごいのかな」と思ってしまう気《け》があるので、磔はＰＲになるのです。

　そのあと、パウロのような理論家が出てきて、イエスの死の意味について、理論づけをしました。パウロは、「実は、イエスは人類の罪を贖《あがな》うために磔になったのだ」という贖罪《しょくざい》理論をつくり、理論的な基礎《きそ》づけをしたのです。

それで、キリスト教徒は、十字架のマークを付けて、キリスト教を全世界に弘《ひろ》めたのです。これもPRの一つの方法だと思います。

また、釈迦《しゃか》教団においても、現代的に分析《ぶんせき》すれば、PRはかなり行《おこな》っていたと見ることができます。

釈迦教団は、教団の規模から見て、出家者の数が異様に多いので、経営的には、けっこう厳しかっただろうと思います。特に、他教団を丸ごと折伏《しゃくぶく》して、そこから千人もの出家者が出たりしたあとは、当然ながら、托鉢《たくはつ》は非常に苦しいものになるわけです。

ただ、頭を剃《そ》り、柿色《かきいろ》に染《そ》めた衣《ころも》を身にまとった出家者が、何十人、何百人と、托鉢のために霊鷲山《りょうじゅせん》からぞろぞろ歩いて下りてくると、まるで軍隊のように見えて、非常に大きな組織、教団という感じがするのです。
したがって、「出家者の数が多かった」ということのなかには、「大教団である
ことを誇示《こじ》する」という意味で、ＰＲ色もかなりあったのではないかと思われま
す。
それから、釈迦教団には、王など、有名人の帰依《きえ》も数多くありました。これも
教団のＰＲになったでしょう。
こういうことは現代の宗教でも数多く行われているように思います。
あるいは、キリスト教で言えば、ルターが、「九十五箇条《かじょう》の質問状を教会の扉《とびら》
に貼《は》り付ける」というセンセーショナルなことをしたのもＰＲでしょう。
このように、ＰＲは、宗教にもかなりいろいろな面で使われており、どのよう
にＰＲを行ったかによって、広がり方が非常に違《ちが》っています。
したがって、ＰＲは企業だけの理論であるとは必ずしも言えないのです。

## 8　マーケティング理論——顧客《こきゃく》重視

### 鎌倉《かまくら》仏教に見るマーケティング手法

八番目は「マーケティング理論」です。

宗教を経営分析的《ぶんせきてき》に見ると、過去《かこ》のものであっても、かなりマーケティングを行《おこな》っていると思われるものはあります。

特に、鎌倉《かまくら》仏教の伝道の方法を見ると、その要素が非常に強くあります。このあたりから、「個人が悟《さと》りを求める」というような宗教スタイルよりも、「民衆に大量に広げる」というようなコンセプトが強く出てきており、その意味で、現代的に言うと、マーケティングといわれるような手法が使われているように感じられるのです。

例えば、親鸞的《しんらんてき》な伝道の方法を見ると、難しい仏教の理論を、一切《いっさい》、無視して、とにかく、「『南無阿弥陀仏《なむあみだぶつ》』一本で救われる」と言っています。これは非常に短縮化した方法論です。

そして、それだけではなく、「悪人こそ救われるのだ」という理論を出しています。普通《ふつう》は、「善人が救われて、悪人は救われない」というのが、因果《いんが》の理法《りほう》から言って当然のことなのですが、「いや、善人しか救えないようでは、仏《ほとけ》の慈《じ》悲《ひ》が十分ではない。悪人こそ救うのが、仏の大《だい》慈悲の証明である」ということで、「どんな悪人でも、『南無阿弥陀仏』と称《とな》えれば救われるのだ」と説いています。

さらに、「『南無阿弥陀仏』と、何万遍《べん》、何百万遍も称えなくても、『称えよう』と思っただけで救われるのだ」と言って、どんどん容易化していきます。

これを見ると、広範囲《こうはんい》のマーケティングをするための手法が、かなり使われているという感じがします。

仏教伝道のネックとして考えられるものは、要するに、「お経《きょう》は難しい」ということです。漢文がとにかく難しくて、一般《いっぱん》の民衆には読めないのです。しかも、その漢文を、普通の人が読めないような、特別の読み方で読みます。普通の読み方ではなく、呉音《ごおん》という、中国の南方の発音で読むのです。

その意味で、「専門職は、お経を講義することによって食べていける」という付加価値を生んではいたのですが、仏教を広げるためには、当然、そこがネックになります。

そのため、本当は、お経の内容が大事なのに、親鸞は、お経の内容をすっ飛ばしてしまったのです。

また、悪人は救われないことになっていたのに、親鸞は、悪人も救われることにして、さらに大量の顧客《こきゃく》を確保するという手に出たのです。

現在、浄土真宗《じょうどしんしゅう》系統の信者は、公称で一千万人以上いると言われていますが、こういう感じの信者なので、正確な信者の数の確定は、ほとんど不可能でしょう。これでよいのであれば、当会の信者は、いったい、どのくらいいるか分からないほどで、少なくとも何千万人かいることは確実だと思います。

親鸞は、それだけ容易化してしまいました。そういう理論をつくって、「いかにマーケットを開くか」ということをやったような気がします。

日蓮《にちれん》の伝道の仕方も、これと似たものがあります。

日蓮は、「お経がたくさんあって、みな困るだろうから」ということで、天台《てんだい》智顗《ちぎ》の『法華経《ほけきょう》』優位説を持ってきて、「『法華経』一本でよいのだ。これは、天台大師《だいいし》が言っていることだから、間違いないのだ」と言いました。そして、『法華経』の中身は難しくて分からないので、「『南無妙法蓮華経《なむみょうほうれんげきょう》』のお題目だけでよいのだ」と言ったのです。

「南無阿弥陀仏」対「南無妙法蓮華経」というのは、言葉の長さも同じぐらいであり、同時代の競争としては、確かに、いい勝負をしています。

それから、日蓮のほうは他宗排撃《はいげき》をしています。「禅《ぜん》は天魔《てんま》だ」「真言《しんごん》は亡国《ぼうこく》だ」などと言って、「他宗を信じた者は地獄《じごく》へ堕《お》ちるぞ。『法華経』だけが救われる道だ」と主張したのです。

これは、現代的に見ると、差別化戦略を採ったものと言えます。「ほかとは全然違うのだ。ここだけ、これだけが素晴らしいのだ」というわけです。ほかのものを信仰している層に対して、「それを信仰していると、おまえたちは地獄へ堕ちるぞ」と言って、その信仰をパッとやめさせ、そして、「これだけで救われるのだ」ということで、お客を呼び集めようとしている感じです。

こういうことは、現代的に言えば、商品の競争によく似ています。例えば、パナソニックと日立製作所は、同じような家電をつくっているでしょうが、「日立のものを使ったら、地獄に堕ちるぞ。パナソニックのものを使えば、天国へ行けるぞ」と言っているようなものです。かなり極端《きょくたん》なやり方です。

当時、人口は何千万かはあったのでしょうが、それでも、顧客が有限であるということは認識していて、その有限の顧客を、どうやって自分の宗派へ取り込《こ》むかという競争を、そうとうしていた感じがします。

こういう易行道《いぎょうどう》に比べ、禅宗は難行道《なんぎょうどう》と言われています。道元《どうげん》は、いろいろな本を長々とたくさん書いています。道元禅は、煎《せん》じ詰《つ》めれば、どういうことでしょうか。「全然、悟っていないのではないか」と私には感じられることもあるのですが、結局、「坐《すわ》ることなのだ」というところに落ち着くのではないかと思います。

難行道と言われてはいますが、道元も、「坐禅のスタイルをつくり、それに参加することを呼びかける」というやり方で、やはり大衆布教をしています。

また、従来、仏教においては、「男性に比べて、女性が救われるのは難しい。女性には悟りへの障《さわ》りが数多くあるので、女人成仏《にょにんじょうぶつ》は難しい」と言われていました。「家族の障り、子供の障り、それから、嫁《よめ》に行くと、嫁入り先の義理の父母、その他、いろいろな障りがあり、また、女性独特の生理的な障りもあるため、女性はなかなか救われない」ということだったのです。

『法華経』を見ても、「女人が男に変化《へんげ》して成仏する」という、「変成男子《へんじょうなんし》」の思想があります。

そのような考え方があったのですが、道元は、坐禅のスタイルで広げると同時に、「女性も男性も、坐禅をすれば同じだ。女性に何の障りがあるか」ということで、その部分を取り払《はら》っています。男性だけのマーケットに女性を入れたら、マーケットが二倍になるのです。

この鎌倉期の伝道スタイルを見ると、みな、マーケティング手法をかなり使って競争している感じであり、マーケティング手法は、現代よりも遥《はる》かに昔から行われていたと思われます。

## 「需要《じゅよう》の発見」と「需要の創造」

これは、現代の企業《きぎょう》理論に当てはめると、「商品購買層《こうばいそう》を、いかにして獲得《かくとく》し、広げるか」ということです。

そういう意味で、顧客重視の考え方であり、「お客さまのニーズを発見する。単に発見するだけではなく、次はニーズを創造する」ということです。「今まで、これが、こんなにありがたいものだとは知らなかった」という人たちに対して、ニーズを創造していくのです。

「南無妙法蓮華経」や「南無阿弥陀仏」を、それほどありがたいものだとは思っていなかった人に、そのありがたさを教えるということも、そういうことでしょう。

「新しい顧客をつかむ」という視点から、鎌倉期の仏教を分析すると、「需要《じゅよう》の発見」ということだけではなく、「需要の創造」まで入っているかもしれません。新しい需要をつくり出しています。

ただ、現代と違《ちが》うのは、当時は、あの世の存在や、「悪いことをしたら地獄へ堕ちる」ということを、九十九パーセントぐらいの人が信じていたので、それを当然の前提とした上での仕事であったということです。その点で、現代とは、少し違う面はあると思います。

このように、「いかにして顧客層をつかむか」という理論は、宗教においても、コンセプトは多少違いますが、やり方としては同じであり、現代でも、信者の獲得は各宗派の競争になっています。

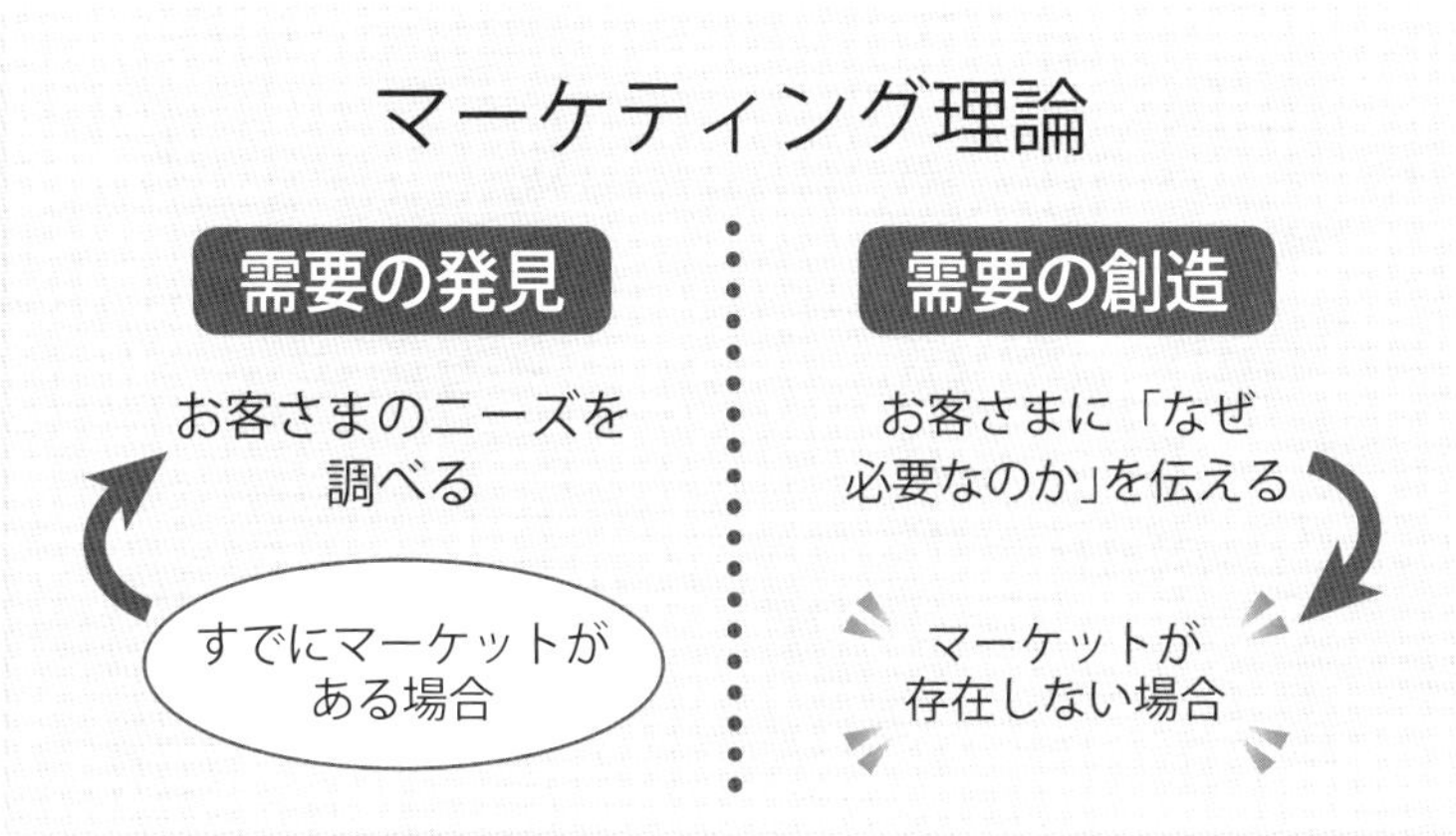
マーケティング理論
需要の発見
お客さまのニーズを
調べる
すでにマーケットが
ある場合
需要の創造
お客さまに「なぜ
必要なのか」を伝える
マーケットが
存在しない場合

企業には幾《いく》つかの指標があります。例えば、売上高、収益力、従業員数、工場の数など、それぞれの業界によって、いろいろな指標があります。

宗教において、いちばん大事な指標は信者数です。信者数の大きいところは、企業で言えば、いわゆる大企業に当たるわけで、各宗派は、「いかにして信者数を増やすか」ということに努力しているのです。

信者数を増やすために、結果的には、「教義をどんどん容易化したり、修行《しゅぎょう》の方法論を簡単にしたりして、それでキャンペーンを行い、Ｐ

Rをして広げる」ということを、思わず知らず昔からやってきたわけです。

幸福の科学の場合も、現代の理論から見ると、一つには、やはり、需要の発見ということがあるだろうと思います。

昔であれば、霊《れい》やあの世を信じていた人々、地獄へ堕ちることに怯《おび》えていた人々が、今では、かなり無神論層に転化しています。「こういう人々のなかから、いかにして需要を発見するか」という問題があるでしょう。

さらには、もう一つ、需要の創造ということもあるでしょう。教団としては、「こういう人々に対して、いかにして需要を創造するか」という指標も、当然ながら、ありうるだろうと思います。

これは、一般論としては、会社においてもそうです。新しい商品を出すときには、「需要があるかどうか」ということは非常に大事なことですし、次には、「新しい需要をつくり出せるかどうか」ということが大事です。

今、欧米《おうべい》のマーケティング理論の主流は、「消費者は非常に賢《かしこ》いので、消費者が欲しがるものを出せば売れる」という考え方です。これは、政治理論で言えば、民主主義的な考え方と非常によく似ています。「主権者、投票者は賢いものであり、賢い選択《せんたく》をする」という考え方と、「消費者は賢いものであり、賢い選択をして、良いものを買うのだ」という考え方は、同じようなものなのです。

しかし、それが本当に当たっているかどうかについては、一定の疑問はあります。

例えば、エジソンが電球を発明するまでは、電球に対する需要は存在しませんでした。彼がそれを発明したことによって、初めて生まれた需要というものがあるわけです。それまでは存在しなかったものが、あるときから存在するようになったわけであり、エジソンが電球を発明する前に、「電球が欲しいか」と人に訊《き》いても、「欲しい」と言う人は、いたはずはないのです。

このように、生産者の側が「これは必要なものになる」と思ってつくったことによって、広がったものがあります。そういうものも必ずあるのです。

鉄道も、それができる前に、「なぜ鉄道が必要なのか」ということが分かる人は、かなり優《すぐ》れた人であり、普通は、なかなか分かりません。馬は、どこでも走れるし、まぐささえ与《あた》えれば元気に動くので、「馬のほうが便利ではないか」という考えもあるわけです。「馬がいるのに、わざわざ、汽車という、重い、鉄の塊《かたまり》の、化け物のようなものを走らせる必要があるのか」ということです。

しかも、鉄道の場合は、延々と何百キロもレールを敷《し》かなければならず、その上だけしか走れないのですから、非常に不便なようにも見えます。

そのため、鉄道が敷かれる前には、「馬であれば、どんな小道でも走れる」「鉄道ができると、馬でご飯を食べている人たちが気の毒ではないか」などという議論がたくさんありました。

鉄道に対して、「不便だ」「変だ」などと、いろいろなことが言われていて、鉄道が、あれほどのトランスポーテーション革命、輸送革命を起こしていくとは、考えられていなかったのです。

飛行機にしても、あのようなものが空を飛ぶとは誰《だれ》も思わなかったのです。金属の乗り物に乗って空を飛ぶなどというのは、十九世紀の人たちには、ちょっと考えられないことでしょうから、市場調査をして、「金属の乗り物に乗って空を飛びたいか」と訊いても、「乗りたい」と言う人は、まずいないでしょう。空を飛ぶのは怖《こわ》いし、死にたくないし、「騙《だま》されているのではないか」と思うでしょう。

マーケット重視の考え方は大事なのですが、まったく新しいものの場合には、マーケットがそもそも存在しないこともあります。「天才的な発明家や起業家がマーケットをつくり出す」ということもありうるので、単に消費者に訊いて回れば需要が発見されるとは限らないのです。

しかし、一定のニーズが出てきた段階では、「消費者の動向を見ながら新しい商品をつくっていく」ということは、十分にありうることです。

経済学には、「セーの法則」*といって、「供給は、それ自らが需要をつくり出す」、つまり、「供給すれば売れる」という、非常に原始的な理論があります。近代の歴史は実際にそのとおりであっただろうと思います。

それまでは知らなかったものを、誰かがつくったら、売れ始めるのです。例えば、ラジオも、初めは「そんなものが何になるのか」と思われたかもしれませんが、使い道が分かったら、誰もがラジオを買うようになりました。車もそうですし、テレビもそうです。

したがって、新しい発明がなされる時点では、「つくったら売れる」というのは事実でしょう。

ただ、テレビならテレビが、何種類も、いろいろな会社から出始めると、「つくったら売れる」という理論は、もう通用しなくなります。この場合には、より多くの消費者が求めているテレビを出さなければ駄目《だめ》なのです。

そのためには、サイズや値段、色合い、デザインなど、いろいろなものについて、消費者の好みを調査しなくてはいけません。「今、どんなテレビが求められているのか」ということを調査する必要があるのです。

最近は壁掛《かべか》けタイプのテレビまで出てきています。「テレビを室内インテリアとして考える」というのは、これまでになかった発想です。これまでは、映像を映すことに重点があったので、テレビは、重くて、厚くて、黒っぽくて、あまり上品なものではありませんでしたが、これを壁掛けタイプにしたものが出てきたわけです。

こういうものは、需要の発見なのか、需要の創造なのか、ちょっと分からないところはあります。

最初は、新しいものをつくらないと、マーケットそのものが存在しないことが多いのです。しかし、新しいものができてきた場合には、次に、消費者側、顧客側の嗜好《しこう》、好みに合わせて、新しいものを供給していかなければならなくなります。その意味で、それを使っている人たちの動向というものは、常に調査する必要があるのです。

＊セーはフランスの経済学者（一七六七―一八三二）

## 9 商品力の重視――研究開発を怠《おこた》らない

### 研究開発とマーケティングは裏表

九番目は「商品力の重視」です。

これについても、前節と同じく、消費者の動向を常に調査する必要があります。「商品が同じでも、マーケティング力が高ければ、よく売れる」ということは当然あります。ただ、そもそも、新しい企業の場合には、商品に力がなければ、その企業が大きくなることは、まずありえません。また、「その商品が、ちょうど時代に合っている」というようなこともあると思います。

例えば、トヨタで言うと、豊田佐吉《とよださきち》の代には紡績《ぼうせき》機械をつくっていましたが、息子《むすこ》の豊田喜一郎《きいちろう》の代になると、自動車の研究をして、自動車をつくり始めました。この場合は、「力のある商品ができた」ということと、「ちょうど時代に合っていた」ということと、両方でしょう。

このように、企業が新たに発展する場合には、まず、商品に相当するものが何かあるのが普通《ふつう》です。最初は、人もいなければお金もなく、何もないのですから、まずは商品があり、それが飛ぶように売れ始めたところで、一つの企業が起きるのが普通なのです。基本は、ここにあります。

したがって、そのための研究開発を怠《おこた》らないことが非常に大事です。

研究開発をする際、まったく新しいものを出すときには、こもって研究するということもありえますが、マーケティングと同じで、常に、それを使用する側のニーズを忘れないようにしなくてはいけません。

これは、幸福の科学の講師が説法をする場合でも同じです。

供給者側である自分のことしか考えていない講師であれば、「自分は、こういう役割を与《あた》えられているから、割り当てられた時間内は、とにかく話をする」というように考えるかもしれません。

しかし、聴《き》く人のことを考えたならば、「今日来ている人は、どんな話を聴きたいのだろうか」ということを念頭に置いた講義内容になるでしょう。また、説法のあとで感想を聴き、「ちょっと練り直しが必要だ」ということになれば、次は違《ちが》ったかたちにすることもあると思うのです。

研究開発と顧客《こきゃく》重視のマーケティングは、ある意味で裏表になっています。最初に、新しい商品が生まれますが、それが流通し、消費される過程において、「いかに好まれているか。どういう反応を呼び起こすか」ということを研究し、常に改良を加えていくことが大事です。

## 研究開発におけるポイント

- □ 使用する側のニーズを忘れない
- □ お客さまの反応を調べ、常に改良を加える
- □ 開発コストに見合う結果が出ない場合は、マーケットが大きくなってから売り出す方法もある

良い商品であっても、やがて競合商品は必ず出てくるので、それが難しいところです。

コカコーラとペプシコーラのように、似たような会社が両方とも生き残れているというのは不思議議なぐらいです。この二社はマーケティングの競争を一生懸命《いっしょうけんめい》にやっています。例えば、「どちらがおいしいか、目隠《めかく》しをして、飲み比べをする」ということを一生懸命にやったりしています。

まずは商品です。コカコーラは、最初は薬品くさい味だったのに、改良によって、非常によく売れるようになりました。そういうことがあるわけです。

この商品が、目に見えるものであるか、あるいは、ソフトなどの目に見えないものであるかは別にして、「究極的には、新しいものを生み出すことによる付加価値は非常に高いものだ」と考える必要があります。

例えば、急成長をした会社の一つに、マイクロソフトがあります。ウィンドウズなどのコンピュータソフトを売り出し、その商品に力があったために、大量に出ることになったわけです。

マイクロソフトのビル・ゲイツの考え方は、結局、「標準化する」ということです。彼は、「いかに良い技術でも、それを標準化し、スタンダードなものにして、誰《だれ》もが使えるようにしなければ、大量には売れない」と言っています。

例えば、コンピュータでも、キーボードを叩《たた》く方式が中心だったものから、マウスを使って操作できるかたちを主流にするなど、「顧客の側から見て、いかに使いやすくするか」ということが大事なのです。

また、「研究開発はかなり進んでいるけれども、すぐに商品を売り出すのではなく、ある程度、マーケットが成熟し、大きくなってきてから売り出す」というやり方もあります。マーケットが大きくならないと、開発コストに見合う結果が出ないので、ある程度、マーケットが成熟してから売るわけです。

例えば、これは、よく「二番手商法」という言い方で批判されてはいるのですが、「ほかの企業が、ある程度、マーケットをつくってから、もっと良いもの、もっと使いやすいものを売り出す」という方法があります。パナソニックに社名を変更《へんこう》する前の松下電器なども二番手商法とよく言われていました。やはり、よその会社がつくってくれたマーケットに売り込《こ》むのは楽なのです。

自分が先にやると、失敗することがありますが、ある程度、売れるのが分かっているところに売り出すのであれば、それほど失敗はありませんし、より使いやすいもの、より喜ばれるものに改良し、標準化して売り込めば、大量に売ることも可能になってきます。

この意味で、研究開発の部分とマーケティングの部分をドッキングさせることで、大規模かつ大量に売りさばくことができるようになるのです。そうすると、利益もかなり大きくなると言えます。これが、必要な考え方であって、少ししか売れないものは、それほど広がらないし、利益も出ないのです。

## 利益は発展の速度につながる

利益が出れば、それは必ず発展の速度につながっていきます。

例えば、宗教法人は公益法人であり、営利事業ではないので、宗教法人には「利益」という概念《がいねん》自体はないのですが、ただ、会計上、利益に相当するものはあります。この部分が、事業を発展、継承《けいしょう》させるためのコストなのです。

利益の量が多くなれば、例えば建物を建てることもできるようになりますし、利益の幅《はば》が大きければ、例えば映画を製作することもできます。しかし、利益の幅が小さければ、そのようなことはできません。

公益法人などの非営利法人においては、利益という概念そのものはなくても、やはり、発展のための原資、あるいはコストというものはあり、それが厚く出れば出るほど、その後《ご》の発展速度は速くなっていきます。

このように、非営利法人においても、同じような考え方はあるのです。

そのための方法は、やはり、「多くの人に求められるようなソフトを出す」ということであり、「そのソフトが多くの人に喜ばれる」ということです。こういうことが必要です。

したがって、研究開発とマーケティングをドッキングさせなくてはならないのです。

# 10 「浅く、広く、長く」の理論

## 「深掘《ふかぼ》り」をしすぎると発展しない

十番目に、「『浅く、広く、長く』の理論」というものを挙げました。

これは、当会でも非常に気を使っている部分です。

新しい宗教のほとんどの間違《まちが》いというか、陥穽《かんせい》、落とし穴は、「深掘《ふかぼ》り」をしすぎることにあります。

これは、経営理論的に見れば、「商品力が良くない」ということだとも言えます。良い商品なら数多く出るのですが、それほど良くないので、数少ないお客をつかまえて、深掘りをしすぎる気《け》があります。多く取ってしまうのです。ひどいところになると、身ぐるみ剝《は》いでしまうようなことまでします。

霊感《れいかん》商法と言われているようなところは、ほとんどがそうです。

これは経営能力とも関係があるのですが、使いたいお金の額が多く、お客が少ない場合には、どうしても、「多く取ってしまう」ということが起きるのです。

例えば、O教という教団を、宗教としての善悪は別にして、純粋《じゅんすい》に、経営学的に分析《ぶんせき》してみましょう。

O教は、最盛期には一万人以上の信者がいたと言われていますが、そのうち出家者が千人ぐらいで、最後のころには出家者を千七百人にまで増やしたそうです。末期には、かなり焦《あせ》っていたのでしょう。

一万人の信者のうち千七百人が出家者であれば、信者の六人に一人ぐらいが出家者ということになります。これでは、理論的に見て潰《つぶ》れるのは明らかです。とても支えられるものではありません。普通《ふつう》の宗教では、「檀家《だんか》百人で、お坊《ぼう》さん一人を支える」というのが一般《いっぱん》原則なので、六人に一人になったら、支えられないはずです。

そうすると、どうなるかというと、「全財産を取り上げる」という極端《きょくたん》なことをし始めるのです。

これは、経営的に見て、かなり無茶をしていると言えます。

霊感商法と言われているところもそうでしょう。例えば、T協会などは、「そもそも商品がない」というところが大きなネックになっています。あの教団は、本もほとんどありませんし、ビデオも一本だけでやっています。商品がないので、あのような騙《だま》しのテクニックが非常に多いのです。それで、結局は、信者がかなり被害《ひがい》を受けているのではないかと思います。

そこの教祖は、使いたいお金の額は山のように大きく、韓国《かんこく》での事業にお金をたくさん投入しています。ところが、商品がないため、その教団の人たちは、印《いん》鑑《かん》や壺《つぼ》などを勝手につくり出しては売りさばいているわけです。

そのように、多くの利益が出るようなものを考えついて売っているのですが、気の毒といえば気の毒な感じがします。純粋に経営分析をしてみても、無理をしていて、信者のほうに、しわ寄せがかなり来ています。

彼らは、本当は、印鑑を売りたいわけでも、多宝塔《たほうとう》を売りたいわけでもないでしょう。もちろん、それが宗教的に正当性があるものなら、よいのです。教義のなかに、「こういう悟《さと》りのために、印鑑がどうしても要《い》る」「多宝塔がどうしても要る」などという理論的正当性があれば、別に問題はありません。しかし、そうではなくて、彼らは単に資金づくりのためにやっているだけなのです。

そういう意味で、商品がないのに、無理をしてお金を集めようとすると、そこに、霊感商法と言われるような詐欺的《さぎてき》手段が出てきます。この辺も、深掘りをしていて、本来、取るべきではないものを取りすぎています。

あるいは、「研修会などで何百万円も取られる」というので問題になった団体もありますが、これも深掘りでしょう。それだけ取らなければいけないというのは、要するに人気がないからでしょう。人気がないので、数少ない参加者から、たくさん取らざるをえないのです。

これは、「参加者が二度とは来ない」ということを前提にしています。二回は来ないので、「一回目で、できるだけ取ろう」ということでしょう。それで、何百万円もの参加費を取ったために、問題になりました。やはり深掘りをしすぎているのです。

顧客《こきゃく》重視の考え方があれば、そのようにはならないのですが、どうしても、顧客ではなく生産者重視になっています。生産者の側が自分の考えだけでやると、この世的に見て、双方《そうほう》の価値観が合致《がっち》していないので、問題が起きやすいのです。

ただ、本当の宗教であれば、長く信仰《しんこう》を続けてもらうのが本筋なので、一瞬《いっしゅん》で絞《し》め殺してしまうようなやり方は、すべきではありません。

ある教団でも、やはり、信者の定着率が悪いので、ほんの二、三カ月の間に、持っているお金を全部出させてしまい、「あとは、やめてくれても結構だ」というような感じでやっていたようです。問題になる教団は、たいてい、そういう考え方を持っています。

それは、教団の側が、お金を使うことにしか関心がなく、信者をその道具と考えているからでしょう。これは、究極において、結局は発展しない考えだと思います。

## 良いものを、多くの人に、長く使ってもらう

「浅く、広く、長く」というのは、税金もそのとおりなのです。

税金をあまり取りすぎると、国民は働かなくなります。税金があまり多くて、「五公五民《ごこうごみん》」とか「六公四民《ろっこうしみん》」とかになると、やる気がなくなって働かなくなるので、税金は、あまり取りすぎてはいけないのです。

ただ、税金が薄《うす》すぎると、税収が少なくなってしまいます。そこで、税率は一割か二割程度にして、国民に、長く、一生働いてもらえば、国家としては安定し、発展もするのです。一年でたくさん税金を取ってしまうと、国民が疲弊《ひへい》してしまって、国が駄目《だめ》になります。

また、税金は広く集めなければいけません。ところが、今の税制は、取れるところからはたくさん取り、そうでないところからは全然取っていないのです。それを是正《ぜせい》しようとして、消費税率のアップなども検討しているのでしょうが、税金は、やはり、浅く、広く、いろいろなところから少しずつ取らなければいけません。

**企業が大きくなるための原理**

**浅く** … 良いものを、できるだけ無理のない値段で

**広く** … できるだけ多くの人に

**長く** … 長く使ってもらう

そして、税金は長く取らなければいけません。

「今年、税金を取れるだけ取ったところ、みな、水ばかり飲んで死んでしまった」というのでは、来年は税金を取ることはできなくなります。税金は長く取らなければいけないのです。

これは国家レベルの話ですが、会社でも同じです。自分の会社の商品をリピートして使ってくれる人を、つくらなければいけません。

例えば、「電球を一生に一個だけ買ってください」というかたちで、一個の電球を何百万円もの値段で売りつけるという考えもあろうかと思いますが、これは、おかしな宗教のやり方と

同じでしょう。「一生の記念に、この電球を一個、買ってください。この電球が切れるまでの間《あいだ》が、あなたの幸福の時間です」と説けば、そういう感じになるかもしれません。

しかし、電球は何百時間かしたら切れるでしょうから、「切れたら、また次の電球を消費してもらう」というかたちで、リピートして使ってもらい、良いものであれば、ほかの人にも勧《すす》めてもらって、広げていくのが筋です。

「珍《めずら》しいものをつくって、がっぽり儲《もう》けよう」と思う人もいるかもしれませんが、それは結局において大成《たいせい》はしないのです。やはり、「良いものを、多くの人に、毎年、長く使ってもらう」ということが、企業《きぎょう》が大きくなっていくための原理なのです。

この原理は、企業以外の場合でも、ほとんど変わらないと思います。

私の考えも、これに近かったので、以前、ある総合雑誌は、「幸福の科学は、値段の張る商品をあまり持っていないのが弱いところだ」と述べ、「それに比べて、Ｃメイト（現Ｗメイト）などは非常に高額な商品を持っている」と、その教団をほめていたのですが、その教団のほうは、今では、かなり傾《かたむ》いてきているようです。

当会が大きくなったのは、私が、「個人からあまり多く取りすぎたのでは、信仰は続かない」という考え方を、もともと持っているからです。大きくならないところは、「限られた相手を、できるだけ追い詰《つ》めていく」というスタイルをとるのです。

基本は、ここなのです。宗教においても、企業と同じ考え方が通用するのだと考えなくてはいけません。大きくなっていくためには、できるだけ多くのユーザーというか、利用者、消費者をつくり出さなければいけないのです。そのためには、良いものを、できるだけ無理のない値段で、次々と提供していくようにしないと駄目だということです。

例えば、「幸福の科学では一万円ぐらいのものが、ほかの教団では何百万円も取られる」ということであれば、これは、企業レベルで分析したら、幸福の科学のほうが〝大企業〟であることは、はっきりしています。また、そういうやり方をすれば、あとあと信者が増えていくことも、はっきりしているのです。

この辺が堪《こら》え所《どころ》だと思います。

会社でもそうです。新しいものを発明すると、最初は利幅《りはば》が大きいでしょうが、競合商品がたくさん出てきて、だんだん値下げをされます。そこまで考えておかないと、厳しいことになるだろうと思います。

自動車でも、似たような車は、いくらでもあるわけです。

したがって、独善性が強いものは長くは続かないと思います。

## 11 手金《てがね》理論――ダム経営的発想

### 自分でつくったお金を元手にする

十一番目は「手金《てがね》理論」です。

事業を起こすときに、普通《ふつう》は、「銀行から借金をする」という考え方をする人が多いのです。雑誌を創刊したりするときでも、「銀行から借金をして、三年ぐらいで黒字にする」という考え方をよくします。ただ、それは平凡《へいぼん》な考えであり、三年の間に黒字化できず、結局、潰《つぶ》れていくものは数多いように感じます。

当会も、始めるときには、経営的な面からいくと、ほかと同じような状況《じょうきょう》にあったのでしょうが、当会は、すべて手金でやっており、借りたお金では、やっていません。「お金は、外からは、まったく借りない。まず、自分でお金をつくり、それを原資にして次の展開を行い、大きくしていく」というスタイルだったのです。

一九八六年に幸福の科学を始めたときに、私はどのようにしたかというと、最初に、短い文章を書いてワープロ原稿化《げんこうか》し、それを小冊子にして、最初の説法のときに頒布《はんぷ》し、現金収入を得ました。そして、このあたりを元手にして、事務所のさまざまな備品を買ったり、次の講演会の準備をしたりしたのです。

したがって、借り入れは、全然、起こしていません。「自分でつくったお金をためていき、それを原資にして、次のものに回し、大きくしていく」というスタイルで、どんどん大きくしてきています。

「自分でお金をつくり、それを元手にして事業を大きくしていく」という考え方は、非常に健全な考え方であり、これでなければ、本当は、起業家精神というものは発揮できないものだと思います。お金の値打ちの分からない人は、すぐ、「大量にお金を借りてきて、それを使って事業をやろう」と考えるのですが、あとあと、採算のとれるめどが、なかなか立たないことが多いのです。

この手金理論は、「個人で貯金をつくれないような人は、事業をやっても成功しない」ということでもあります。そういうことが言えるのです。

以前、私が引っ越《こ》しをしたときに、何年も前の預金通帳が出てきて、「私は、こんなところに、こんな預金を持っていたのか」と驚《おどろ》いたことがあります。

私は、会社を辞《や》めて独立したときに、三百万円ぐらいの預金を持っていたのですが、それをまったく使わずに、資本金ゼロで幸福の科学を始めたのです。何年もたってから、その預金通帳が出てきて、「あれ、こんなお金があったのか」と驚いたわけです。

## 小さなものをだんだん大きくしていく

最初は、「手金で事業を起こしていく」というやり方は小さいように見え、「大規模にお金を借りて、バンとやれば、もっとすごいものができるのではないか」と思うものですが、実際には、小さいものをだんだん大きくしていくと、失敗することは、まずないのです。

商売でも、「他人の家の庇《ひさし》、玄関前《げんかんまえ》の軒下《のきした》を借りて始めた商売は、まず失敗しない」とよく言われます。最初から大々的に事務所を構えて始めたようなものは、よく失敗します。事業というものは、転がり始めると大きくなっていくので、小さいものから始めて、だんだん大きくしていくことです。そういうものであれば、失敗しないのです。

ダイエーも、そのような小さなところから始めていますし、アップル・コンピ

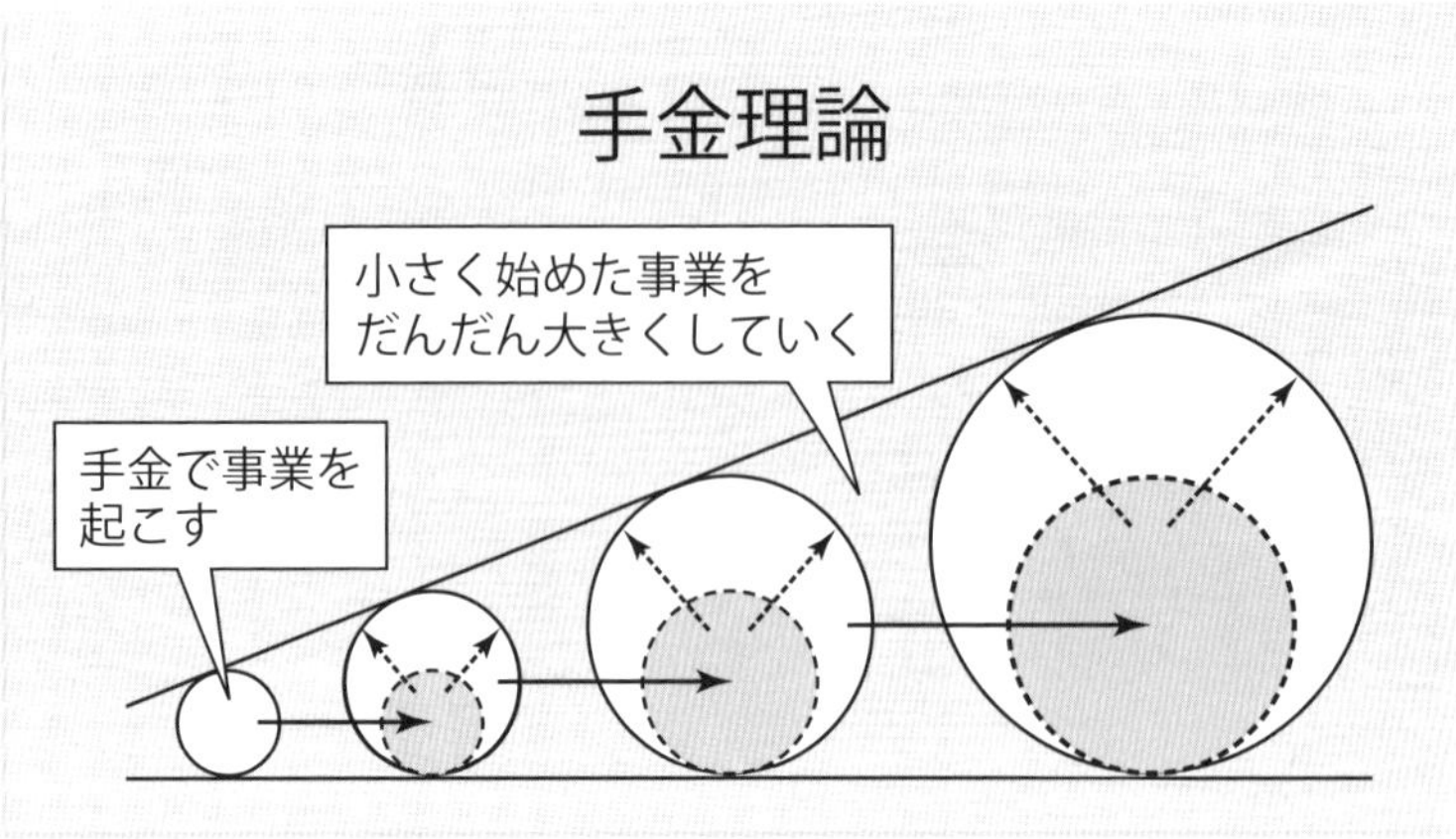
手金理論
小さく始めた事業を
だんだん大きくしていく
手金で事業を
起こす

ユータもガレージから始めています。ビル・ゲイツは、ハーバード大学時代に、ポーカーで友達から巻き上げたお金を原資にして事業を始めたそうなので、これは手金と言えるかどうかは分かりませんが、やはり個人のお金から始めて大きくしています。

後は、それを使いながら、ビジネスチャンスを待って、大きくしていくことが大事なのです。そういう才覚があれば失敗はありません。

しかし、他人のお金、すなわち、銀行のお金、友人のお金、親のお金などを使って始めた人は、えてして一年ぐらいで失敗します。そういう人は、お金のありがたみが分からないので、失敗しやすいわけです。

特に、先行投資型の事業は失敗率が極《きわ》めて高いのですが、「最初は水たまりのようなものから始めて、順番に大きくしていく」というスタイルをとれば、失敗する人は少ないのです。

ただ、そのためには、最初は欲を抑《おさ》えて、かなり堪《こら》えなくてはいけません。まず、現にあるものを少しでも大きくしていくことです。そうすれば、雪ダルマ式に大きくなるので、やっていけるのです。

幸福の科学は、一九八六年の十月に、そういうかたちでスタートし、私に初めて給料が出たのは一九八七年の八月ぐらいだったと思います。私が給料を取ると、その分が教団のコストになるので、半年以上は、自分では給料も取らないかたちでやっていたのです。しかし、あっという間に事業は大きくなっていきました。

もし、初めから、事務所を借り、人をたくさん入れて給料を払《はら》う体制にし、自分の説法だけで事業を回していったならば、説法を聴《き》く人が増えなかったり、あるいは、一回聴いた人が「もう結構」と言って来なくなったりした場合には、すぐに潰れてしまいます。

そういうことも考えた上で、徹底的《てっていてき》に経費を使わないやり方をし、「どうなるかということを、一年ぐらい、じっと見ていた」というのが、正直なところです。最初は、そういうかたちで始め、大きくなっていくのを確認して、じわじわと本格化していったというスタイルです。

このスタイルは、宗教以外のものでも、おそらく同じだろうと思います。小さなものをだんだん大きくしていくことが大事です。

手金をつくったことのある人は、あまり無茶はしません。しかし、他人のお金で始めたものは、たまたま当たることもありますが、傾《かたむ》いたときには、失敗することが非常に多いのです。

## 赤字は資源の無駄遣《むだづか》い

事業で利益を出すと、税金が、半分近く、四割ぐらいかかります。そのため、世間では、「税金を取られると損なので、なるべく税金を払わないようにしましょう」と、節税を勧《すす》められることもよくあります。

日本にある会社のうち、小さな会社を集めると、何百万社もあるのですが、そのなかの七割は赤字会社です。なぜかというと、税金を払いたくないからです。利益が出なければ、税金を払わなくて済みます。そこで、結局、どうするかというと、経費を多く使って、少し赤字にしておくのです。そうすると、税金を払わなくて済むわけです。

しかし、これは放漫《ほうまん》経営のもとになります。

事業をする場合には、やはり、一定の利益を出さなければ駄目《だめ》です。一定の税金を納めることで、社会的な存在としての正当性が出るのです。

「ヒト・モノ・カネ・情報」など、世の中にある有限な資源を使って事業を行い、それで利益も出ないのでは、経営としては失敗しており、「資源の無駄遣《むだづか》いをした」ということになります。

例えば、人は貴重な戦力ですが、「百人の人を雇《やと》って事業を行い、それで赤字になった」というのでは、序節で述べた経営の理論からいくと、「成果が出ていない」ということです。百人の人を使って赤字が出るのであれば、それは、「百人を集めても、百人がバラバラに仕事をした合計以上の成果があがっていない」ということかもしれません。

あるいは、一億円の資本金を使って、それで赤字になるのであれば、「有限の資源を無駄遣いした」ということになります。

したがって、そういう会社は潰れたほうがよいのです。その会社が潰れて、人材なり、お金なり、物なりが、もっと上手に使ってくれる会社に吸収されたほうが、実は世の中のためになるのです。

黒字のところが出なければ、世の中は発展しません。黒字のところが出れば、ＧＤＰ（国内総生産）も増え、国の税収も増えて、全体が発展しますが、赤字のところばかりであれば、坂道を転げるような状態になります。

## 内部留保が大切である

この「手金をためて大きくしていく」という考え方、あるいは、「内部留保、貯金をつくっていく」という考え方は、ダム経営的発想です。

「ダム経営」は、松下幸之助《まつしたこうのすけ》がよく言っていた理論で、「経営のダムをつくっていく」という考え方です。

川の水はいつも流れていますが、ときどき、水がなくなることもあります。そこで、ダムをつくって水をため、そこから、必要なときに必要なだけ水を流すようにすれば、電力の供給を安定化できます。

経営においても同じです。好況《こうきょう》や不況があるので、五年、十年の間に、経営環《かん》境《きょう》はものすごく変わります。景気の良いときだけうまくいっているような企業は、不況期に入ったら、とたんに潰れてしまいます。

したがって、ダムにいつも水をためておくように、そういう不況期に備えて、ある程度、資金をためておくのです。

入ったお金を、入っただけ全部使うような体質の人は駄目です。入った以上のお金を使う人も世の中にはいます。これは、「将来、お金が入る」ということを見越して使うスタイルです。これでは駄目です。やはり、ある程度、欲を断《た》って、将来の不確定要因に堪《た》えるだけの財務的体質をつくらなくてはいけません。

これがダム経営です。（松下幸之助は、資金以外の面でもダム経営を考えてい

**ダム経営**

- 不況期に備え、一定の資金をためる
（➡「無借金経営」が理想）
- ただし、一部は投資に回し、資金を有効に使っていく

た。）

ただ、このダム経営には、ときどき、無駄が発生することもあるので、気をつけなくてはいけません。あまりにも用心深すぎて、ためることばかりを考えると、発展に向かわないこともあります。この辺は呼吸の問題なのです。

ダムにおいても、一定のところまでは水をためますが、それ以上になったら放水するでしょう。ただただ水をためるだけが目的ではなく、水を流して仕事をしなければいけないこともあるわけです。

したがって、「一定の資金をためつつも、一部

は、有効な投資、あるいは事業的な経費に使っていく」という考え方が大事であり、あまり過剰《かじょう》在庫型の発想になりすぎてはいけないと思います。

商品がなくなると困るからといって、常に在庫をいっぱいにしていてもいけません。ダム経営は、必ずしも、そういう考えではないのです。

ただ、「自己資金をつくっていく」という考えは、個人においても、企業においても、極めて大事な考えです。

そういうことをするのは、たいてい、過去に痛い目に遭《あ》ったことのある会社です。

トヨタは、昔、倒産《とうさん》しかかったことがあり、そのとき、住友銀行（現三井住友銀行）に融資《ゆうし》を頼《たの》んだところ、「そのようなお金は出せない」と蹴《け》られたそうです。それで、「悔《くや》しい」ということで、自己資金をため始めたのです。

そうしたら、一兆円以上たまって、〝トヨタ銀行〟と言われるまでになりました。銀行が新たに支店を開くときには、二、三十億円ぐらい要《い》るらしいのですが、小さな銀行のなかには、支店を開く際に、お金を本店から借りずに、トヨタから、まとめて借りているところもあるそうです。そのように、トヨタは銀行にお金を貸すぐらいにまでなったのです。

パナソニックもそうです。やはり、お金でかなり苦しんだことがあり、そのあと無借金経営を志しています。

無借金経営は、「無借金でやっていこう」と決意すれば、そのようになるのですが、そう思わない人、「借金で回していけばよい」と思っている人の場合は、そうはならないのです。

# 12 トップダウン方式

## トップダウン型は上が責任を取る体制

十二番目に「トップダウン方式」を挙げました。

日本の社会では、意思決定の仕方として、ボトムアップ型といわれるものがよく使われます。トップダウン型は欧米的経営手法《おうべいてき》でよく採られるやり方ですが、日本はボトムアップ型です。

ボトムアップ型は、差し障《さわ》りのないことが多いのです。「下が起案し、上は、それを認めてやって、判子をつく」というかたちなので、失敗したら、基本的に下の責任になり、上は責任を取らなくて済みます。

本当は、大事な経営判断は、上でなければ、できるはずはないのですが、それを下にさせてしまい、そして、失敗すると、下の責任にするのです。これは、「もともと十分な経営情報が与《あた》えられておらず、それだけの報酬《ほうしゅう》ももらっていない人が、経営者のような仕事をさせられて、責任を取らされる」というかたちでもあるのです。

したがって、「ボトムアップ型、必ずしも善ならず」という面はあるように思います。

日本の会社では、「上は判子をたくさん押《お》すだけ」という仕事をよくやっていますが、「ちょっと甘《あま》いかな」という感じはします。

トップダウン型は、官僚《かんりょう》組織的に考えられると問題はあるのですが、上が責任を取る体制ではあります。命令や指示を出す人が責任を持たなければいけないの

## トップダウンとボトムアップの特徴

**トップダウン**

- 上が責任を取る体制である
- 何もかもトップが判断するスタイルだと、手遅れになることがよくある

**ボトムアップ**

- 下のほうから情報や意欲的な考え方が出るのであれば、発展していく
- 上が責任を取らず、下が責任を取らされるスタイルでもある

がトップダウン型です。その代わり、上に立つ人は、常に、多くの情報を持ち、研究開発を行わなくてはいけません。そういう面があると思います。

当会はトップダウン型を採っていますが、宗教は、わりあいトップダウン型が多いのです。教祖のいる教団はトップダウン型が多くなります。

トップダウン型ではない宗教は、一皮むくと、ほんとうは宗教では

ないものが多いのです。宗教を使って、ほかの商売をやっているようなところに、トップダウン型ではないものが多くあります。要するに、「教祖はいない。基本教義はない。しかし、宗教である」というところには、宗教を隠《かく》れ蓑《みの》にして商売をやっているところが、わりに多いのです。

これが問題点としてあると思います。宗教ではないものがよくあるのです。「教祖がいて、教義がある。仏《ほとけ》や神がいる。天上界《てんじょうかい》があって、地上の人間を指導する」ということであれば、基本的なスタイルとしてはトップダウン型になります。

一九九五年に、宗教法人法の改正論議のなかで、宗教と民主主義の問題が議論されたことがあります。そのときに、「宗教は民主主義的ではない」と言われて、キリスト教側が、「宗教は神からのトップダウンで来るのだから、民主主義的なはずはない。昔からそれでやっているのであって、必ずしも民主主義的なやり方ではない」と言って、反発していました。

宗教には、そういう面はかなりあるでしょう。

## 判断は現場に近いところで行う

ボトムアップ型は、単に稟議書《りんぎしょ》に判子を押すだけのスタイルだと問題はあるのですが、そうではなく、下のほうからも、いろいろな情報が上がってきたり、意欲的な考え方が出てきたりするのであれば、企業が全体として発展するスタイルではあると思います。

「トップが判断する」といっても、一般《いっぱん》の会社においては、トップに情報が入ってくるのは、長い長い階層のなかを通って、いちばん最後になることが多く、トップが判断するころには、すでに手遅《ておく》れになっていることがよくあります。

その意味において、「判断は、できるだけ現場に近いところで行う」ということとが本筋だと思います。いちばん情報を持っているところで判断ができるスタイルに変えていかないと、企業体として病気になりやすいのです。

ただ、社長であろうが、部長であろうが、あるいは工場長であろうが、上が責任逃《のが》れをするようなスタイルの経営手法は採るべきではありません。「判断は現場に近いところですべきだ」ということは、そのとおりですが、日本に多くある、上の人が〝おみこし〟に乗っているだけのスタイルは、必ずしも現代的なものではないし、未来的なものでもありません。

やはり、上にいる者ほど、厳しい立場に立つべきです。「上になるほど楽になる」というのは、あまり良いことではありません。

## 13 実力主義人事――敗者復活方式

### 「強い遺伝子」を評価する

十三番目に「実力主義人事」を挙げました。

これはイノベーションのところとも関係があります。伝統的な集団や企業《きぎょう》などにおいては、だいたい、ヒエラルキーが固まっており、価値判断が固まってきます。しかし、新しいスタイルの事業を起こして発展させていくときには、必要なものはどんどん変わっていきます。必要な能力や、仕事で求められる成果が変わっていくのです。

今年は「こんなにできて素晴らしい」と言われたことが、来年になると、もう陳腐化《ちんぷか》していきます。今年は素晴らしいリーダーだった人が、来年になると、そうではなくなっていきます。

これは発展企業にのみ起きる現象であり、発展しないところでは起きません。発展せず、停滞《ていたい》しているところは、基本的に、農耕社会と同じ、発展しない停滞社会と同じになり、「出る杭《くい》は打たれる」というかたちになります。そのため、なるべく出ないようにして、みなで共同体を大事にします。そういう発展しない社会は、だいたい嫉妬《しっと》社会になりやすく、少しでも出ると打たれるのです。

停滞社会は、平等性も強いのですが、嫉妬が非常に強く、突出《とっしゅつ》する者を許さないところがあります。発展を目指すと、差が生じてくるので、この調整が非常に難しいのです。

この嫉妬型社会では、発展を目指しても、「誰《だれ》かが成果をあげれば、嫉妬する人がたくさん出てくる」というカルチャーがあるため、やはり発展はかなり阻害《そがい》されると言ってよいと思います。

やはり、成功者が出ることを喜ぶカルチャーが大事です。この点は、日本に比べてアメリカの優《すぐ》れているところだと思います。アメリカでは、個人や企業の成功を非常に尊びます。「成功する人からは、それなりのオーラが出ている」というような考え方に近いわけです。

ところが、日本では、どちらかというと、「なるべく成功しないで、平々凡々《へいへいぼんぼん》、可もなく不可もなく生きる」ということが大事なのです。

また、上司の受けをよくするためには、上司を脅《おびや》かさないほうがよいのです。「上司を脅かさないほうが、上司は喜ぶ」ということになると、だんだん、無能な人が上司の下に付いて上がってくることになります。有能な人は、うるさいので嫌《いや》がられ、無能な人が上がってくるのです。

無能な人を引き上げるような上司がたくさん並ぶようになると、だいたい組織が大きくなってきて、そのあとは傾《かたむ》いてくるのです。必ずそうなってきます。そして、ごますり型の人や、毒にも薬にもならない人、害にならない人だけが出世するようになります。そうなると、だいたい、組織としては末期になってきつつあるのです。

良い組織では、「強い遺伝子」というものを評価します。そして、その強い遺伝子に引っ張られて、他《た》の遺伝子まで強くなっていきます。そのように、強さが遺伝していくことが大事です。

強いものを異質なものとして外に出してしまうのではなく、「強いものが出てきたら、それに感染して、ほかの遺伝子までが強くなっていく」という組織をつくると、発展型の強い組織になります。

この意味で、やはり実力主義を採るべきだと思います。

この実力主義を、必ずしも肩書《かたがき》主義と考えるべきではありません。やはり、仕事そのものが実力の報酬《ほうしゅう》だと思うのです。実力のある人に仕事が集まるような運営の仕方がよいのです。仕事そのものが報酬です。肩書やお金などは、結果であり、残りかすの部分なのです。それだけを目当てにすると、また違《ちが》った種類の人が出てきます。

やはり、「仕事のよくできる人のところに仕事が集まってくる。仕事自体が報酬である」という考え方が大事なのではないかと思います。

## 敗者復活のチャンスを設ける

変化する組織においては、要求されるものがどんどん変わっていくため、「今、評価されている人が、来年は評価されなくなる」ということがあります。

それは必ずしも本人の責任ではない面もあります。求められるものが変わり、カルチャーが変わってくるのです。今、評価されているのが間違っているわけではないのですが、「来年、評価されなくなる」ということは、現在とは違ったものを組織が要求し始めるということなのです。

そういう意味で、今は評価されている人が、来年は評価されない場合がありますが、それは、流れが変わってきたために、そうなっていることもありうるので、その人を違う立場に持っていくと、また能力を発揮することもあります。

したがって、変化する社会においては、敗者復活が何回でも可能であるような組織をつくらなくてはいけないと思います。

勝負は一回切りで、敗者復活のできないかたちで行くと、イノベーション型の組織においては危険もあります。なぜなら、ボトルネックの部分の体系的廃棄《はいき》が行われることにより、育つ人よりも消えていく人の数のほうが増えてくるからです。発展速度が速いと必ずそうなるのです。

ベンチャー企業は、ほとんどがそうです。

小さなガレージを工場にして始めた会社などでは、普通《ふつう》は、最初から、それほどマネジメント能力の高い人がいるはずはありません。そういう会社が何万人もの従業員のいる大企業になる場合、会社が大きくなるにつれ、能力の高い人が途《と》中《ちゅう》から入ってき始めます。そうすると、元からいた人たちは、だんだん苦しくなってきます。

しかし、そのようにして人材が入れ替《か》わってくることは、正しいことなのです。それは発展している証拠《しょうこ》であり、そうならなければ、「発展していない」ということなのです。

パナソニックで言えば、初代の社長である松下幸之助《まつしたこうのすけ》は、自分が小学校中退なので、従業員についても、最初は「小学校出《で》の人でよい」と言っていました。次は、「中学校出の人でよい」となり、もっと会社が大きくなると、「高専卒《こうせんそつ》の人でよい」となり、かなり大きくなってきたら、さすがに「大卒の人が要《い》る」と言うようになりました。

松下幸之助は、「発展規模相応の人材でよいのだ」というようなことを言っています。

変化する組織においては、能力の高い人を最初から採るのは無理です。ただ、「組織の要求する人材が変わってくる」という流れを、よく見極《みきわ》めなくてはなりません。その時点に合わせた人材を使わなくてはならないのです。

一代で世界的企業に成長した、ある会社では、会社を始めたときに副社長をしていた人が、その後《ご》、平社員になっているそうです。こういうことは、どこででも起きることのようです。

「脱皮《だっぴ》できない蛇《へび》は死ぬ」と言われています。蛇が大きくなるためには、古い皮を脱《ぬ》がなければいけないのです。脱皮するときには痛みを伴《ともな》いますが、脱皮で

## 実力主義人事

- 強い遺伝子を評価し、その強さが他の人に遺伝していく組織をつくる
- 仕事のよくできる人に仕事が集まるような運営の仕方をする
- 敗者復活のチャンスを何度も設ける

きなければ、それ以上に大きくなれず、蛇は死んでしまいます。蟬《せみ》も、羽化《うか》するためには殻《から》を脱がなくてはなりません。

組織において、この脱皮に当たるのがイノベーションです。組織レベルを大きくするためには、このイノベーションが必要なのです。

宗教を見てもそうです。

当会は、信者数が一万を超《こ》えるあたりで、かなり大きな脱皮が必要になりました。信者が一万人ぐらいになった段階で、それまでやってきた手法が全部駄目《だめ》になってきたのです。運営の仕方も、人材も、考え方も、全部が駄

目になってきて、それを捨てなければいけなくなりました。

「イノベーションをしなければ、これ以上の発展はない」という段階が、一万人ぐらいの規模になった時点で来たのです。

たいていの教団は、一万人の壁《かべ》を超えられず、数千人、あるいは数百人のレベルで止《と》まっていますが、それはそれで幸福なのだろうと思います。

したがって、「一万人以上は行けない」と思うならば、限定をしないといけませんが、「発展していこう」と思うならば、やはり、やり方を変えざるをえないのです。それには必ず痛みを伴います。幹部層が入れ替わるぐらいなら、まだよいのですが、収拾がつかなくなると、最後はトップのところまで行ってしまいます。そして、組織の崩壊《ほうかい》が起きます。

こういうことは企業でも起きています。組織をつくった人の天運というものもありますが、一生懸命《いっしょうけんめい》にイノベーションをしていかないと駄目で、会社などでは、最後は、トップ自身の能力の限界も、当然ながら出てきます。それを避《さ》けるためには、常に勉強し続ける以外に方法はないのです。

小さな町工場をやっているときには、「人との付き合いをよくする」「ニッチ産業、隙間《すきま》産業的な機械をつくる」というような、町工場としてのやり方でよいのです。

ところが、会社の規模が大きくなってくると、使うお金も大きくなるので、お金に関する勉強もしなくてはいけません。仕入れのあり方も違ってきます。大企業との付き合いも出てきます。優秀《ゆうしゅう》な人も入れなくてはいけなくなり、そういう人事管理の仕事も発生してきます。さらには、海外との取引が始まると、英語を使える人を入れ、英語で商売ができなければいけなくなります。

そのように、どんどん変化せざるをえないのです。

その変化についていくためには、人材の入れ替えということもありますが、それだけではなく、上にいる者が勉強し続けなくてはなりません。そうしないかぎり、変化を遂《と》げることはできないのです。

勉強し続けることができないならば、発展は止まるし、また、止めるべきです。止められなければ組織が崩壊します。自らの器《うつわ》を知り、一定の限度で発展を止めることも、一つの方法かと思います。

実力主義は非常に大事なことですが、カルチャーの変化によって運・不運が起きるので、敗者復活のチャンスは何度も設けておくことが大事だと思います。

# 14 分権理論

## 一人の人間には限界がある

十四番目に「分権理論」を挙げました。

これは、政治で言えば地方分権などがそうですが、企業《きぎょう》では事業部制などがそうです。事業部制とは、製品別に事業部をつくり、事業部長が一つの小さな会社の社長のようになるものです。

会社の規模が大きくなると、どのような人でも、だんだん目が届かなくなるので、マネジメントを下ろして、分割せざるをえなくなります。

ただ、このときに気をつけなければならないのは、「社内にマネジメントのできる人がいるとは限らない」ということです。

発展企業の場合には、たいてい、「最初からいる人は、育たずに落ちこぼれることのほうが多く、また、外部から人を入れても、なかなか思うようにいかない」という苦しみを味わっています。

しかし、一人の人間には、どうしても限界があるので、分権をしていかないと、残念ながら大きくはならないのです。

4節「弱者の兵法、強者の兵法」で述べたように、ナポレオンの軍隊は、ナポレオンがいる所では、いつも勝っていました。ところが、部下が馬で走り回れる範囲《はんい》が彼の情報収集能力の限界だったため、彼は、馬が一日に動き回れる二百キロぐらいまでの範囲なら戦争の指揮ができても、その範囲を超《こ》えた部分については戦争の指揮ができなかったのです。それを超えた部分は崩壊《ほうかい》するわけです。

10節「『浅く、広く、長く』の理論」のところで、宗教に関して、「宗教としての善悪とは別に、経営理論での分析《ぶんせき》というものもある」ということを述べましたが、戦争に関してもそうです。

ヒトラーについて、善悪で見て「悪だ」という見方は当然ありましょうが、それとは別に、松下幸之助《まつしたこうのすけ》は、経営理論から見て、「経営的に破綻《はたん》している」という言い方をしています。「戦争をする相手国の数が多すぎる」というわけです。

ヒトラーは、フランスに勝ち、イギリスもかなり追い詰《つ》め、さらにソ連にも戦争を挑《いど》みました。それは、やはり、「兵線が伸《の》びていく」ということです。

ドイツであっても、軍隊が無限にあるわけではありません。また、あちこちに軍を展開すると、それを指揮する人が必要になりますが、それだけの人が育っていないため、指揮ができません。一カ所だけなら戦えても、何カ所もということになると、十分な指揮ができないのです。

海からの攻撃《こうげき》に対して、ドイツの海岸だけなら護《まも》ることができても、フランスを攻《せ》め取ったら、今度はフランスの海岸とドイツの海岸の両方を護らなければいけなくなります。ポーランドのほうを取ったら、内陸部も護らなければいけなくなります。護る所がどんどん広がれば、軍隊が幾《いく》らいても無理になります。

さらに、ヒトラーはソ連にまで攻め込《こ》んでいきました。かつてナポレオンがロシアに進撃して失敗した日を選び、勢い込んで攻めたのです。しかし、自分も同じように冬将軍にやられてしまいました。

前述したように、兵線が伸びてしまうと指揮命令が届かなくなるので、現場に軍隊の頭脳となる人がいなければ、判断できずに敗れるのです。

また、連合軍にフランスのノルマンディーを攻められたとき、ヒトラーは寝《ね》ていて判断ができませんでした。ドイツ軍では、現場の司令官には高度な判断権がなかったので、十分な防戦ができずに、やられてしまったのです。

こういうことがあるので、やはり、分権理論をどうしても使わざるをえないわけです。

## 相互《そうご》に助け合う組織をつくる

人はなかなか育たないものですが、ある程度、権限を下ろしていき、七割でも八割でもよいから判断をさせていかないと、トータルでの成果は大きくはなりません。

ただ、これも、失敗すると、官庁の縦割り組織のようになり、お互《たが》いにバラバラに動いていって、無駄《むだ》なことも出るので、分権しつつ、相互《そうご》に助け合うような組織をつくらなければ駄目《だめ》です。そういう組織ができなければ、組織の無駄がそうとう発生します。

例えば、指導研修部という部署があるとして、それを指導部と研修部に分けて

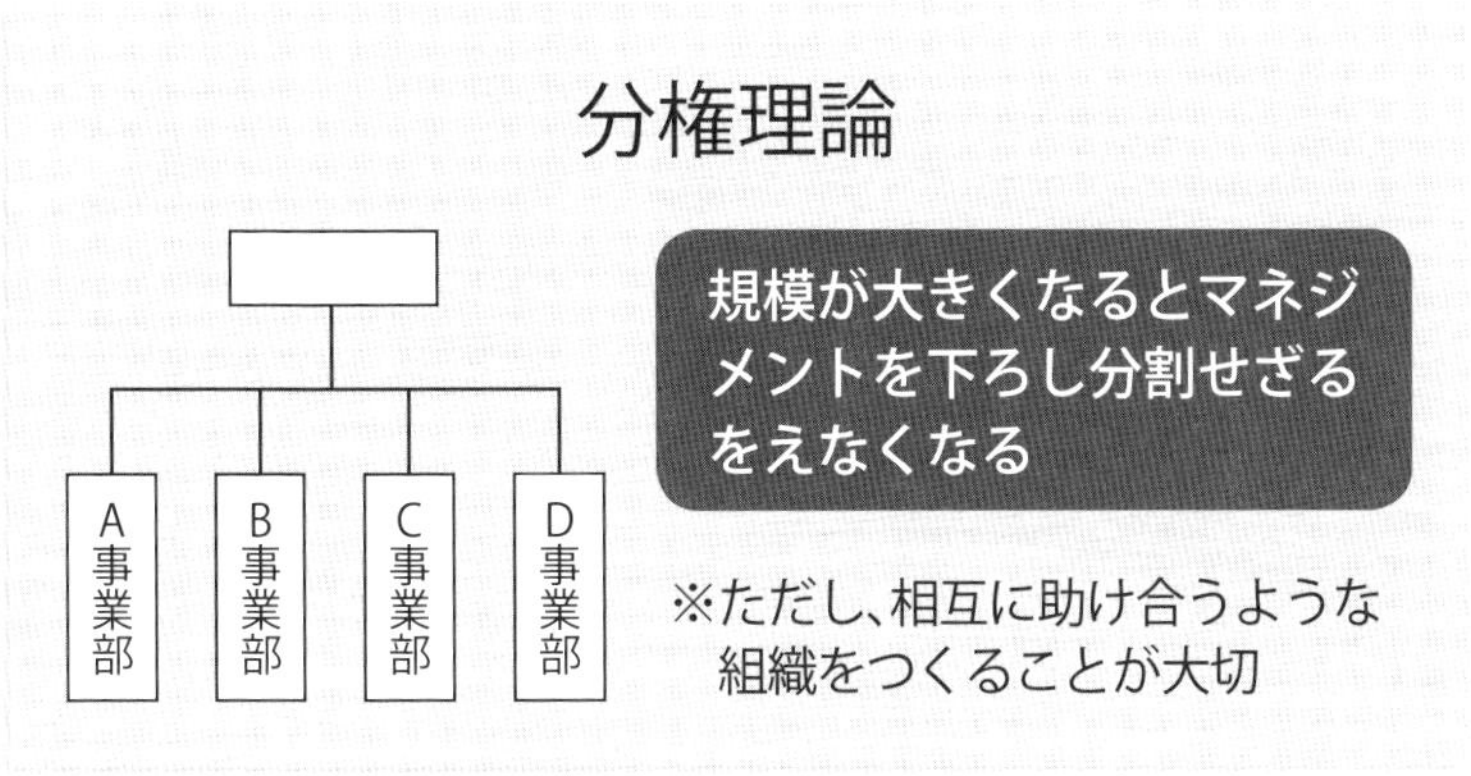
分権理論
規模が大きくなるとマネジメントを下ろし分割せざるをえなくなる
A事業部
B事業部
C事業部
D事業部
※ただし、相互に助け合うような組織をつくることが大切

別組織にし、「指導部は研修ソフトだけをつくり、研修部は研修だけを行う」ということにすると、どうなるでしょうか。

「指導部は、研修ソフト、講義のレジュメをつくれば、それで仕事は終わりである。宿泊《しゅくはく》する研修者がたくさん来ていても、運営は研修部の仕事だから、指導部には関係がない」ということになると、「指導部は暇《ひま》だけれども、研修部は忙《いそが》しくて困る。研修部の人員を二倍にしてほしい」ということになったりします。

これは経営的に言えばマイナスです。「運営は研修部だけの仕事だ」と見れば、人が二倍、必要になるのですが、その人数は、いちばん忙しいときに要《い》るだけであり、いつも要るわけではありません。大勢の人員が必要なときには、ほかの部署から応援《おうえん》の人が来ればよいわけです。

分権主義は、こういう失敗が起きやすいので、相互に助け合う組織をつくらなくてはいけないのです。

「自衛隊の幹部をやっていた人を会社がもらい受けると失敗する」と、よく言われています。そういう人には、権限を明確にしすぎる傾向《けいこう》があるのですが、中小企業で、権限をあまり明確化すると、失敗するのです。なぜなら、それぞれの部署で、バラバラのことをやるようになり、人が数多く要るようになるからです。軍隊は、そうなっているのです。そういうことがよく言われます。

分権しつつ、お互いに助け合うような組織をつくらないと、無駄が生じて、経営効率が極《きわ》めて悪くなるのです。

## 15 階層排除《はいじょ》の理論

### 縦の階層が長いと無責任体制になりやすい

十五番目に「階層排除《はいじょ》の理論」を挙げました。

縦の階層ができすぎると、この場合もまた組織が死んできます。トップのところに情報が来るのは最後の最後であり、判断ができないのです。

例えば、二十人が稟議書《りんぎしょ》に判子を押《お》さなければいけないとすると、十七番目に判子を押している人は、本当に判断しているかといえば、していません。「自分のあとに三人いるので、その人たちが判断するだろう」と思っています。十八番

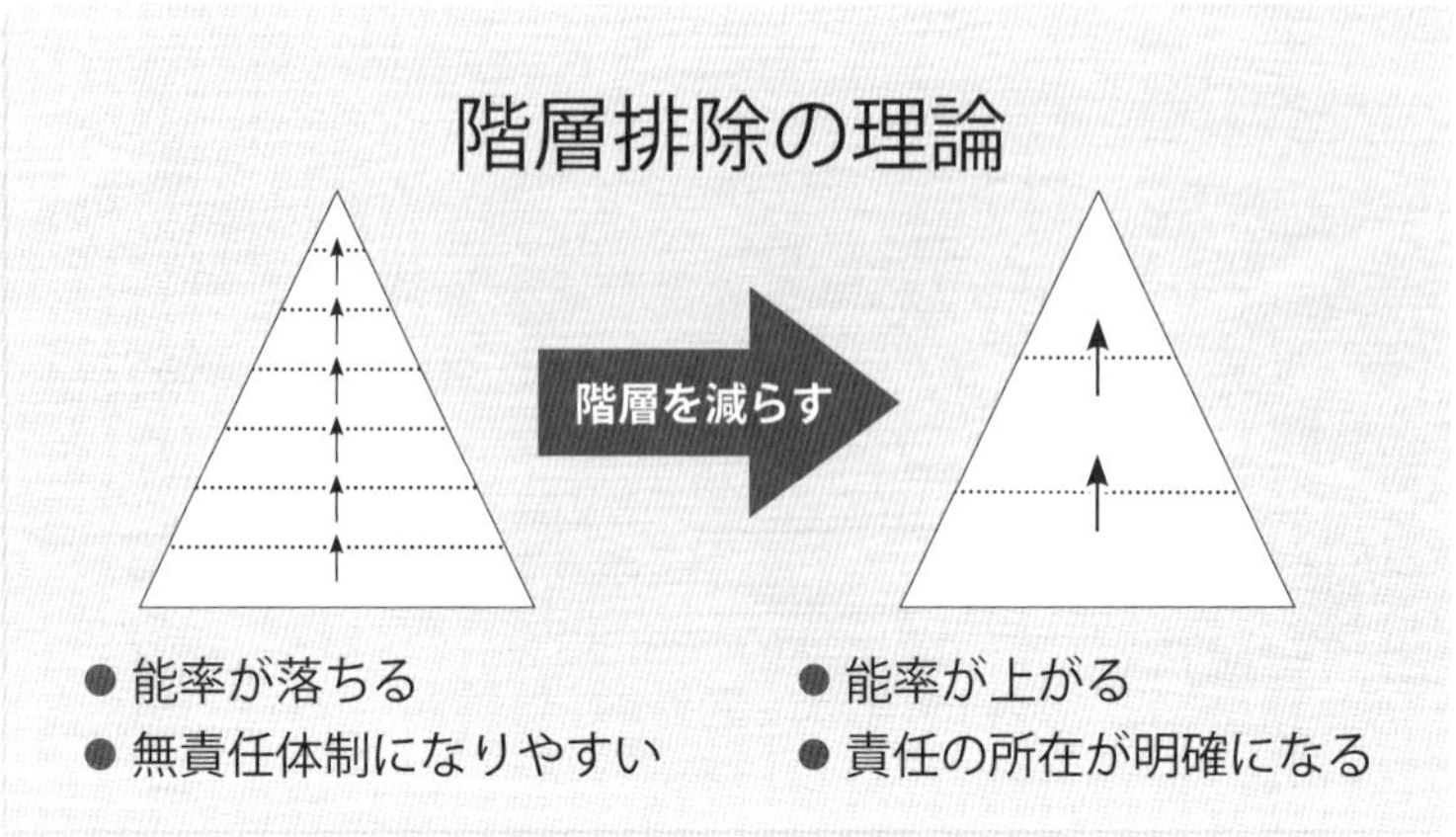
階層排除の理論
階層を減らす
● 能率が落ちる
● 無責任体制になりやすい
● 能率が上がる
● 責任の所在が明確になる

目の人は判断しているかといえば、やはり、していません。「十九番目の人が判断するだろう」と思っています。

では、最後の二十番目の人は判断しているでしょうか。二十番目の人は、「一番目から十九番目までの人が判子を押したのだから、間違《まちが》いないだろう」と思っているのです。結局、誰《だれ》も判断をしていないわけです。

したがって、縦の階層を長くすると、無責任体制になりやすいのです。

これが、「判子が一個で済む」というようなことになると、その人の責任が明確化します。

ＧＥ（ゼネラル・エレクトリック）という大きな会社でも、やはり、そういうことがあったようです。

現場の工員は、作業をしていると、だんだん手袋《てぶくろ》が擦《す》り切れてきて、新しい手袋が欲しくなります。ところが、ＧＥでは、「申込用紙に記入して、判子を三つもらわなければ、新しい手袋はもらえない」というシステムになっていたのです。そうすると、新しい手袋をもらうためには、いったん機械を止めなければならないわけです。

ＧＥの社長は、それを指摘《してき》されて、「なぜ、そんなことになっているのか」と思い、調査したところ、「昔、手袋が一ダース、箱ごとなくなったことがあり、それ以後、紛失《ふんしつ》を防ぐために、きちんと申込用紙に書かないと、もらえないようにした」ということだったのです。

これは、ものすごく無駄《むだ》です。判子を押す仕事も無駄ですが、現場の作業がストップしてしまう点でも無駄です。

それで、結局、どうしたかというと、作業をする人の近くに手袋の箱を置いておくことにしたのだそうです。

笑い話のようですが、組織が巨大化《きょだいか》してくると、必ず、作業の能率が落ちるようなことをたくさんするようになるのです。

役所は特にそれが多いのです。何か失敗があると、「監督《かんとく》する」と称《しょう》して人が増えたり階層が増えたりします。

そういうことは起きがちなので、判子をたくさん押すような縦のラインが長くなったときには、ときどき、階層を減らさなくてはいけません。そうしなければ、「その人がいないと何も進まない」というようなことが起きるのです。

## 中間管理職はなくなる方向にある

階層は、できるだけないほうがよいのです。できるだけ階層のない組織をつくらなくてはなりません。

この十年ぐらい、大きなところほど、組織のフラット化の動きが非常に激しくなっています。そうしないと生き残れないからです。

そのため、中間管理職は、なくなる方向、死滅《しめつ》する方向に動いています。ビル・ゲイツも、「電子メールを使い始めたら、中間管理職は死んでいく」と言って、自分も電子メールを使いまくっていました。

電子メールは、社内のネットワークを通じて、直接、トップから担当者のところまで行ってしまい、そこから答えが返ってきます。会議室で実際に会って話をするわけではなく、一種の筆談です。それが直接、担当者のところに行って、答えが戻《もど》ってくるのです。

そうなると、中間管理職は生きていけなくなります。ビル・ゲイツは、「中間管理職は死んでいくだろう。そういう流れにあることを知らなければいけない。その流れは電子メールによって起きるだろう」と言っていました。

まだ、そこまでの状態には行っていないにしても、ファックスや電話などにも、そういうところはあります。

結局、判子を押すだけのようなセクション、「上の目が届かない」という理由によって存在できていたセクションは、こういうツールが進歩してくると、だんだん死滅していくことになるのです。

仏弟子《ぶつでし》も、昔は、「仏陀《ぶっだ》の説法《せっぽう》を聴《き》いて、それを記憶《きおく》し、再現する」という、テープレコーダー的な能力があれば、ご飯を食べられましたが、現在では、CDやDVDなどがあるために、それだけでは食べていけなくなり、さらに高度な能力を要求されています。説法の内容についての高度な解釈《かいしゃく》能力がなければ、生きていけなくなってきたのです。

説法を聴くだけなら誰《だれ》にでもできるようになったので、昔とは違った種類の能力を要求され、いっそう厳しくなっているわけです。

世の中が便利になってきたため、「途《と》中《ちゅう》で鞘《さや》抜《ぬ》きをする」ということは極《きわ》めて困難な時代になりつつあります。そのことを知らなくてはいけません。

## 16

# リストラ理論――仕事の大胆《だいたん》な整理

十六番目は「リストラ理論――仕事の大胆《だいたん》な整理」です。

仕事というものは、組織が大きくなってくると、いろいろとできてくるものです。昔つくった仕事がそのまま残り、さらに、新しい仕事ができてきます。そして、その調整のためのセクションがつくられます。そこがまた仕事をつくり始めます。こうして、仕事は基本的に増えていくのです。

役所を見ても、まず中央官庁があり、次に、東京都の場合は都庁があって、さらに区役所がありますが、「ほんとうに要《い》るのか」と言われたら、要らないかもしれません。東京都に関する仕事は、全部、都庁にやらせて、中央はやらないこ

## リストラ理論

- 「そもそも、この仕事は要るのか」を考え、無駄な仕事はなくしてしまう
- 「自分のような給料の人間がやるべき仕事ではない」と思ったら、その仕事を、もっと安い給料の人に下ろす
- 空いた時間で、もっと付加価値の高い仕事、生産性の高い仕事、研究開発的な仕事をする

とにしても、別にかまわないのです。また、区役所が非常に仕事ができるのであれば、都庁は要らないかもしれません。実は、そのとおりなのです。

　仕事というものは、屋上屋《おくじょうおく》を架《か》すがごとく、仕事のための仕事ができやすいので、最大のコスト削減法《さくげんほう》は、経費を減らすことを考えるというよりも、むしろ、「そもそも、この仕事は要るのかどうか」ということを考え、無駄《むだ》な仕事自体をなくしてしまうことです。要らない仕事が生んでいるコストが膨大《ぼうだい》なのです。

利益が少なくなってくると、「コストダウンをしなくてはいけない」などと、いろいろ言うのですが、「仕事そのものが無駄である」という場合も多いのです。その仕事は、ある時期においては必要だったのでしょうが、現在では要らなくなっているわけです。

前述した、「手袋《てぶくろ》一つを渡《わた》すのに、いちいち許可をする」というような仕事も無駄な仕事ですが、最大の経費削減は、そういう無駄な仕事、やらなくてもよい仕事をやめてしまうことなのです。

これはイノベーションとも関係しますが、大きくなっていく組織においては、常にこれをやらないと危険です。仕事の見直しをして、要らないものは大胆にやめることです。

やめても大丈夫《だいじょうぶ》なのです。やめると困るようなものは、やめようと思っても、やめられません。やめられるようなものは、やめてしまっても大丈夫なのです。

例えば、郵便事業は民営化されましたが、本当は、やめても大丈夫だったのです。民間で全部できるのです。ところが、それをさせないように、一生懸命《いっしょうけんめい》、頑《がん》張《ば》っていました。クロネコヤマトが参入できないように一生懸命に抑《おさ》え込《こ》んだりもしていたわけです。

やめてもよいものをやめてしまえば、財政赤字は減ってくるのです。

会社でも同じで、「やらなくてもよい仕事は、やめてしまう」ということが、いちばん大事です。「やめてしまうと、仕事がなくなり、職業の危機になる。クビになるかもしれない」ということで、それが怖《こわ》くて、やめられないでいることが多いのです。しかし、やらなくてもよい仕事は、やはり、大胆にやめるべきです。

そして、新しい仕事を探さなくてはいけません。もっと生産性の高い、付加価値の高い仕事をつくらなければ駄目なのです。

今、自分が抱《かか》えている仕事について、「自分のような給料の人間がやるべき仕事ではない」と思ったら、その仕事を、もっと安い給料の人のほうに下ろさなくてはいけません。

そうすると、自分の仕事は空いてきますが、それで遊んでいたらクビになります。その空いた時間で、次は、もっと付加価値の高い仕事、生産性の高い仕事、研究開発的な仕事をしなくてはいけないのです。

このように、常に、手持ちの仕事をなくしていく方向で努力しなくてはいけません。

## 17　手堅《てがた》さと大胆《だいたん》さ（結論）

十七番目は「手堅《てがた》さと大胆《だいたん》さ」です。これは結論として言えることです。

当会の経営理論を見ると、非常に大胆に勝負をかけていくところもありますが、それは単に派手にやっているだけではありません。細心に、詰《つ》めるところは詰めており、手堅いところは非常に手堅いのです。

当会のやり方だけをまねて、失敗しているところも数多くあります。それは、当会のＰＲ部門、マーケティング部門の動きだけを見て、全体がそうだと勘違《かんちが》いするからでしょう。当会は、護《まも》りの部分も堅いところがあるのです。

手堅さがない組織は、いずれ滅《ほろ》びます。しかし、手堅いだけの仕事であれば、

**結　論**

**手堅さ ＆ 大胆さ**

堅実に発展していくためには、
この両方が必要である

発展はしません。やはり、手堅い部分と大胆な部分の両方を考えなくてはいけないのです。

　大胆に勝負をかけていくときも、一発で全部が雲散《うんさん》霧消《むしょう》してしまうような勝負は、すべきではありません。勝負をかけていくときには、効果は大きく狙《ねら》わなくてはいけませんが、それによって屋台骨が全部倒《たお》れるおそれのあることは避《さ》け、生き残れる部分をしっかりと確保しておかなくてはならないのです。

　当会について、大胆さのところだけを見

る人もいますが、当会のなかには手堅さと大胆さの両方が流れています。したがって、幸福の科学的経営というものを身につけた人は、おそらく、手堅く、かつ大胆なやり方ができるだろうと思います。

これが、堅実にやりながら発展していくための方法です。

# 第2章　経営のためのヒント

## ――デフレ下を生き抜《ぬ》く智慧《ちえ》

## 1 デフレについての正しい考え方

### 「デフレだから不況《ふきょう》だ」という考え方は誤《あやま》り

第2章には、「経営のためのヒント」という、やや漠然《ばくぜん》とした題を付けましたが、そのときどきの参考になるようなことが言えればよいかと考えています。

特に今（二〇〇九年当時）述べておくべきこととしては、デフレについての考え方があります。世間では、「デフレ、デフレ」と言って、よく、「デフレだ。デフレの時代が来た。これをどうにかしなければいけない。デフレだから不況《ふきょう》だ」という言い方をしています。

デフレとは、簡単に言えば、ものの値段が下がることです。「ものの値段が下がり、おまけに給料も下がってくる」ということです。現実に公務員の給料等も下がってきつつあります。

それで、「そうすると、収入が減るわけだから、不況になるのだ」というような考えをする人が多く、マスコミも、そのような論調に則《のっと》っています。

ただ、この考えには誤《あやま》りがあるということを、私は述べておきたいと思います。

確かに、デフレにおいては、全体に収入も減ってきますし、ものの値段も下がってきます。

そのため、「メーカーなど、ものをつくるほうや売るほうは、ものが高く売れたほうが収入は増えるのだから、デフレで、ものの値段が下がると、苦しくなる。それから、公務員まで含《ふく》めて収入が下がるのだから、人々の購買力《こうばいりょく》も減ってくる。不況になるのは当然ではないか」と思う人も多いのです。

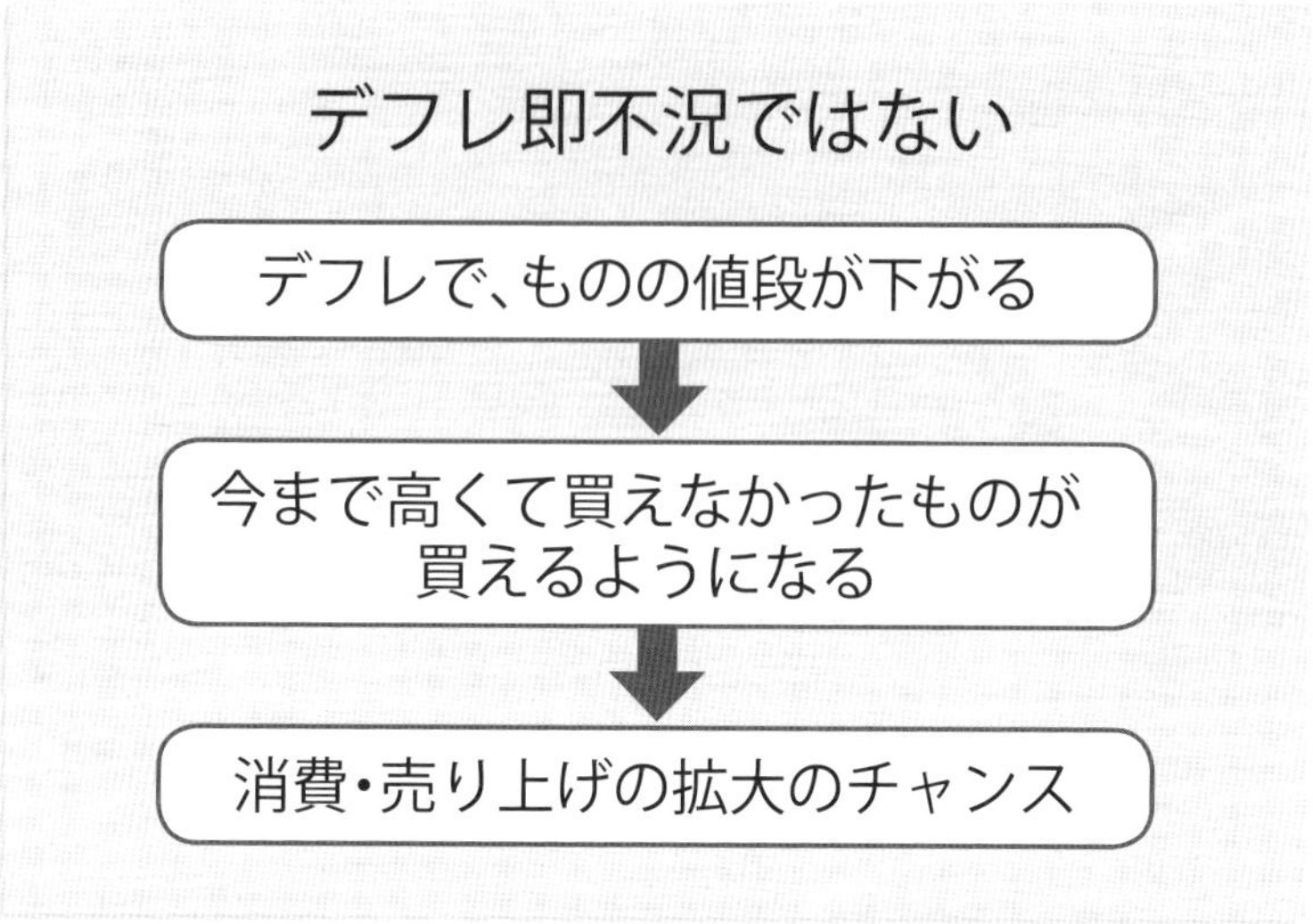
デフレ即不況ではない
デフレで、ものの値段が下がる
今まで高くて買えなかったものが
買えるようになる
消費・売り上げの拡大のチャンス

しかし、その考え方は間違《まちが》いなのです。「デフレで、ものの値段が下がってくる」ということは、どういうことかというと、「経済の基礎《きそ》層、基礎レベルの層が、下のほうに移ってくる」ということです。これは、「経済活動の裾野《すその》が広がる」ということを意味しているのです。

例えば、高い収入がないため、値段の高い商品には手の出なかった人も、その商品の値段が安くなってくると、それを買い始めます。値段が高いので、普通《ふつう》の人は受けられなかったサービスも、値段が安くなってくると、普通の人が受けられるようになります。

これは、「ものの値段が下がったら買えるようになる」ということです。簡単なことなので分かると思います。

二百万円の自動車が、百五十万円、百万円と下がってくれば、今まで、その車を買えなかった人も、買えるようになります。「自分の給料と相談したら、二百万円の車は買えなかった」という人が、百五十万円、百万円、九十万円と値段が下がってきたら、その車を買うようになります。

このように、今まで、まったく買う見込《みこ》みのなかった人が、値段が下がることによって、買うようになります。

そして、「今まで、二百万円の車をまったく買わなかった収入層の人でも、その車が百万円になったら買う」ということであれば、定価は従来の五十パーセントになっていても、それまではゼロだった売り上げが、その五十パーセント分だけ増えるのです。

これは、経済としては、縮小ではなくて拡大になります。デフレ下の経済は、本当は、そのようにならなければいけないのです。

「今までと同じ台数を売っておけばよい」という考えであれば、二百万円のものが百万円になると、売り上げは半分になってしまいます。しかし、「今まで買わなかった人が買うようになる」と考えれば、売り上げを拡大することも可能なのです。経済規模を大きくすることもできるわけです。これは、「ただじっとしていたら小さくなるけれども、頑張《がんば》れば大きくなる」ということです。

サービスにおいても、以前は、「高収入の人だけを狙《ねら》っている」というようなサービスがたくさんあったと思います。「年収が八百万円ぐらいでなければ無理」とか、「年収が一千万円を超《こ》えないと無理」とか、「年収が二千万円以上の人でないと手が出ない」とか、そのようなサービスはたくさんありました。

ところが、それらがだんだん安くなり、庶民《しょみん》料金になってくると、普通の人でも手が出るようになってきます。

高級なスポーツクラブなど、普通の人は手が出ないようなところでも、客が減ってくれれば、やはり値段を下げてきます。

非常に高かった、ゴルフクラブの会員権も、安くなってくると、サラリーマン層でも手に入れられるようになってきます。今までは、経営者層か、一流企業の部長以上の層でなければ、会員になれなかったところに、一般《いっぱん》のサラリーマンでも入れるようになります。そうすると、層が広がります。

高級テニスクラブの料金が安くなれば、庶民でも、そういうところでテニスができるようになります。

また、ホテルも、デフレの時代になれば、あまり高級志向ばかりをやってはいられません。しかたがないので、安い宿泊《しゅくはく》料金の日を設けたり、ランチタイムを設け、高い値段のものを安い値段でお昼に開放したりして、客を集め始めます。そうすると、今までは高級ホテルでご飯を食べることができなかった人でも、食べられるようになってきます。

デフレが不況になるのは、「努力しないで、そのままでいた」という場合であり、「デフレ即《そく》不況」という捉え方には誤りがあると考えるべきです。

人間は、つい、現在の延長で少しずつ少しずつ上がっていくことが良いように感じてしまうのです。「今年が百なら、来年は百二か百三か百五」というように、「給料も売り上げも、毎年、増える」ということに、人々は、戦後の何十年かの間、慣らされてきました。

ところが、今は「何でも下がってくる」という状況なので、急にびっくりしているわけです。

世間では、「デフレで、駄目《だめ》だ」と言っていますが、それは考え方の間違いだと思ってよいのです。

## デフレの流れは止まらない

「デフレは大変だから、対策を講じなければいけない」という声があり、「何とかインフレ路線に戻《もど》せないか」と、いろいろな政治家からつつかれたり、財界からつつかれたりして、政府のほうは、「何か手が打てないか」と考えています。

しかし、これは、もう、流れなので止まらないのです。なぜ止まらないか。その理由をはっきり述べましょう。

デフレになった原因を象徴的《しょうちょうてき》に言うならユニクロです。

ユニクロの商品は、昔であれば、それほど高級品には見えないたぐいのものです。模様の少ない、シンプルなデザインの、カジュアルな服で、Ｔシャツなどがたくさん出ています。そして、すごく安いわけです。

なぜ安いかというと、お隣《となり》の中国などで生産しているからです。いろいろな縫《ほう》製《せい》などが、日本製に近い感じになるところまで、向こうで厳密にやれるようにしてあるのですが、中国は人件費が安いために、原価が大幅《おおはば》に下がるのです。

このユニクロの快進撃《かいしんげき》で、ダイエーなどの安売り店もだいぶやられてしまいました。安売りを標榜《ひょうぼう》していたところがやられるほど、安かったわけです。千円ぐらいの商品をたくさん売っています。普通は、あんなに安売りをすれば儲《もう》からないはずなのに、それがザーッと広がっていきました。

ユニクロは一つの象徴なのですが、何が言いたいかというと、「『中国で生産する。中国に赴《おもむ》き、現地で日本と同じようにつくる』というようなことが、デフレの原因の一つである」ということです。

中国の都市部は、今、かなり発展中なのですが、それでも、サラリーマンの月給を見たら、安い人は二、三万円ぐらいです。都市部の工場労働者は、だいたい、月給が一万円ぐらいで働いています。

これと戦うのは大変です。これは、日本で言うと、昭和三十年代ぐらいか、安いところは昭和二十年代ぐらいの人件費でしょう。そのくらいの人件費で、日本製のものと同じようなものをつくり、日本で売ったら、かなりの大安売りになるでしょう。

都市部はそのくらいですが、農村部に行くと、もっと安いのです。「一年間に数万円で生活している」などという農家がゴロゴロあります。これは自給自足にかなり近い生活です。

農村部には、そのくらいの生活レベルの人たちが七億人ぐらいいます。都市部には、だいたい六億人ぐらいの人がいます（人口については、二〇〇八年に関する、中国の国家統計局の資料による）。

都市部の生活レベルは、いちばん進んでいるところでは、現在の日本にかなり近づいていますが、メインは、日本に比べ数十年は遅《おく》れているでしょう。農村部に行くと、日本の戦前ぐらいに当たるレベルで生活し、そのレベルの賃金で働いている人も大勢います。

これらの人たちに技術を教え込《こ》み、日本と同じように製品ができるようにして、それを日本で売ったら、どうなるかといえば、安くなるに決まっています。そのため、多くのメーカーが中国で生産を始めたわけです。

同様のことがインドについても言えます。インドには十二億の人口がありますし、中国には十三億の人口があります。インドや中国は、今、市場が自由化して、工業力を上げつつあるのです。

そのような、昭和二十年代や三十年代、四十年代初期ぐらいの賃金レベルで働く国と同じものを日本でつくったら、勝てるわけがありません。向こうは賃金が安いので、向こうと同じようなレベルの製品を日本でつくっている会社は潰《つぶ》れていくということです。そのため、一部、不況にも見えるのです。

こういう、十数億の人口、インドも含めれば二十数億の人口を持つところが、三十年前、四十年前の日本のように、これから快進撃をしてくるとしたら、どうなるでしょうか。世界は貿易で結ばれているので、ものの値段は絶対に下がるわけです。

農産物も、日本のものは高いのです。

日本人は、「外国の農産物は農薬が怖《こわ》い」「中国産のホウレンソウから農薬が出た」などと言って、すぐ「怖い、怖い」と言います。しかし、日本人がそういうことを怖がるのなら、外国も農薬を使わないようになります。

タイなどでも、しだいに日本人好みのものをつくるようになってきます。

そのように、だんだん現地生産になります。

これらの国々では賃金が安いのです。賃金は、しだいに上がっていきますが、それでも、何十年かの落差があるため、高い関税でもかけないかぎり、どうしても農産物は安くなります。日本国内のものは競争で勝てなくなるのです。

こんなことは、不思議なことでも何でもないわけです。

今からもう二十数年前になりますが、私がアメリカにいたとき、衣服や、おもちゃなどの売り場を見たら、「メイド・イン・USA」は、ほとんどありませんでした。「メイド・イン・ジャパン」も、そのころ、そろそろ駆逐《くちく》されてきていて、「メイド・イン・台湾《たいわん》」など、そのようなものばかりでした。

そのため、「このようになるのだな。よその国でつくったものばかりを売っている国なのだな」という、すごく不思議な感じがありました。

当時は、日本ではまだ、日本製のものばかりでした。着る物でも何でも、ほとんど、どこに行っても日本製でした。

ところが、アメリカでは、アメリカ製のものがなく、ほとんどアジアなどの生産物ばかりだったのです。

日本も、だんだん、そういうアメリカのような国になろうとしているのだと思います。日本は先進国で購買力もあるので、安い製品を数多くつくるところから「大量に買ってくれ」と言われる時代が来ているのです。

「安くなっているものをわざわざ高くして、日本製のものを保護する」ということは、もう無理なのです。国内でだけ値段を高くして、「日本製のものを買い続けろ」などと言うのは無理であり、安いところのものを大量に買ってあげなければいけない時代が来たのです。アメリカに続いて、日本も同じようになってきているわけです。

したがって、物価は絶対に下がります。デフレのトレンドは止まらないのです。

ただ、「デフレだから不況になる」という考え方は間違いです。

要するに、最初に述べたように、デフレになると、経済の基礎層、基礎レベルの層が下がってきて、下のほうのレベルの人たちも、かつて上流や中流の人たちがやっていた生活に手が届くようになってくるので、層としては広がる可能性はあるのです。

結局、「デフレの流れは止まらないが、『デフレは不況』という考え方は間違いだ」ということです。

## 考え方を変えれば、道は、いくらでも開ける

デフレになれば、土地の値段も下がってくるし、建物の建築費用もどんどん下がってきます。さらに、最近の銀行は、めったにお金を貸してくれないようですが、銀行の融資《ゆうし》の金利も低くなります。

土地の値段が下がり、建物の建築費用が下がり、銀行からのローンの金利が安くなるとなったら、好況になっても全然おかしくないのです。本当は、どんどん

新しく建物が建ち、好況になってもおかしくありません。

しかし、それが分からずに、「不況だ、不況だ」と言っているので、いつまでたっても好況にならないのです。

トレンド全体というか、マクロの大きな流れを見て、「時代がどうなるのか」ということを考えなければいけません。

それでいくと、建物の値段も安くなるので、昔だったら「家を新築しようか」と言わなかった人も、「新築しようか」と言う時代が来ます。家が古くなったら、「建て直そうか」と言う人が出てきます。土地に手が出なかった人、マンション族、アパート族が、自宅を持てるようになってきます。デフレの時代は、そういう時代なのです。

したがって、決してチャンスはないわけではありません。ビジネスチャンスはかなりあるのです。

経営的に見通しが明るい面は、そうとういろいろな方面においてあります。ただ、悲劇的なのは経営者の頭脳の中身なのです。こちらのほうが悲劇的なので、どうにもならないわけです。

現状維持《いじ》であれば、じり貧のように見えても、考え方を変えれば、道はいくらでも開けるようになっているのです。

## 2

# デフレ下で繁栄《はんえい》するための戦い方

## 汗《あせ》を流し、勤勉に働く

デフレの時代にやらなければならないことは、いったい何でしょうか。

デフレの時代を、もう少し感覚的に言うなら、それは「昔返り」であり、タイムスリップして、二十年前、三十年前に戻《もど》るような感じです。生活感覚は、そのころに戻っていくので、その感覚をよくつかむことが大切です。

その感覚をつかんだなら、やるべきことは何かということですが、知っておかなくてはならないのは、「楽をして、高収入を得ていたようなもの、楽をして、高い値段で高い売り上げを得ていたようなものが、駄目《だめ》になる」ということです。これは間違《まちが》いないのです。

つまり、「昔返りをする」ということは、「もっと、まめに働かなければいけなくなる」ということです。そういう時代がやってくるのです。

「楽々、悠々《ゆうゆう》、ちょっと『右から左へ』と、数字を操作しただけで儲《もう》かるような時代は終わりましたよ」ということです。少し何か絡《から》んだだけで、ちょっと中抜《なかぬ》きをしたり、ちょっと数字を変えたり、何かしただけで、やれたような商売は、なくなっていきます。そういうものは淘汰《とうた》されていくでしょう。

まめに、勤勉に働く風潮になるのです。それが来なければ、デフレ下の繁栄《はんえい》というものはありません。

数年前、「巨人《きょじん》の星」というアニメのＤＶＤが売り出されました。これは私の子供時代のアニメです。よく流行《はや》ったアニメで、「『巨人の星』が放映される時間には、お風呂屋《ふろや》が空《から》になる」などと言われていました。そういう、ずっと昔のアニメがリバイバルで売り出されています。

「昔の時代に戻る」という傾向《けいこう》が出てきているのです。

「根性」「勤勉」「熱意」「努力」が道を開く時代なのです。これがデフレ時代の正攻法《せいこうほう》なのです。少し昔の兵法に戻るのです。

「楽をして、たくさん儲ける」というのは無理になります。それから、「ちょっと中抜きだけする」とか、「名前だけ貸す」とかいうような商売は駄目になります。実体が伴《ともな》わなければいけなくなるのです。しかし、実体が伴う商売はなくなりません。

もう少し汗《あせ》を流してください。「汗を流さずして稼《かせ》げる」というような考え方はやめてください。

見栄《みえ》や、はったりのための商売は、虚業《きょぎょう》なので、消えていきます。中身がなければいけません。「実体がある。実際にニーズがある。必要があって、まめに働いている」、そういう商売はうまくいきます。

しかし、昔のような、「ただじっとしていたらマンションが値上がりし、マンションを〝転がす〟だけで儲かった」というような商売は駄目になります。株の売り買いのようなものだけで儲けることも、ちょっと厳しいです。そういうことは、だんだん難しくなります。

実体を伴う商売は、まだまだ可能性はあります。その代わり、勤勉に働く努力が必要になってきます。

自動車メーカーで言えば、今まで二百万円でつくっていた車を、百五十万円でつくらなければいけません。同業者が百五十万円を切る車をつくったら、それよりもっと安く、百万円でつくらなければいけません。こういう努力をしなければならないのです。

では、どうすれば、そのようになるかというと、智慧《ちえ》がまったく出ない者は、汗を流すしかありません。そうすると、流れとしては逆転するかもしれませんが、もう少し多く働かなければいけないことになります。

自動車メーカーで、「週休二日」と言って楽々やっていたとしても、「会社が潰《つぶ》れる」となれば、そうは言っていられません。土曜日にも働かないと、やはり駄目になります。今は、「残業しても、その分の手当は要《い》りません」という時代でしょう。そうしなければ、車の値段が下がらず、中国やインドに勝てなくなります。

したがって、「昔返り」をしなくてはなりません。智慧が特に出ないならば、八時間労働は十時間労働に、十時間労働は十二時間労働に変えて頑張《がんば》らないと、未来は開けないのです。

「まだ八時間労働で楽をしているところは、潰れていくけれども、十時間労働に変えて二時間余分に頑張っているところは、潰れずに済み、潰れたところのシェアまでもらえるようになる」ということが見えるわけです。

このように、ちょっと昔返りをすることです。楽をしている部分は、残念ながら、返上しないと、未来はありません。

これは、智慧を使わない場合の戦い方です。

## 無駄《むだ》を削《けず》り、全体のコストダウンをする

では、もう少し智慧を使うと、どのようになるかというと、まず、徹底的《てっていてき》にコストの削減《さくげん》をやらなければいけません。

従来のような右肩《みぎかた》上がりの経済であれば、部品メーカーであろうが何であろうが、どこも増収していったのでしょうが、今はコストの見直しをしなければいけないのです。部品その他、いろいろな原価の部分について、メスを入れなければ

いけません。ここで徹底的にやらないと、駄目《だめ》になります。

ガリバー企業であるパナソニック（旧松下電器）でさえ、大改革をしました。以前、パナソニックは事業部制をとり、各事業部は、独立した会社のように運営されていました。これは、発展期にはよいのですが、無駄《むだ》なところも多くあります。同じ会社であれば、通常は、部品などを社内でお互《たが》いに融通《ゆうずう》できる部分がたくさんあるのですが、事業部として独立していて、それができず、無駄があったのです。

そこで、パナソニックは構造改革をして事業部の垣根《かきね》をぶち抜きました。その辺の無駄は昔から分かっていたことなのですが、景気が良く、経営も良かったために、直さなかったのです。しかし、その部分が、「やはり、まずいのではないか」ということになってきたわけです。

同じ会社なら、通常は、外から買ったものを社内で融通し合えるのですが、

「○○事業部」というものがあるために、「その垣根を越《こ》えては、やらない」というかたちにしていました。そういう無駄があったのです。

また、事業部制には、組織上も、当然、無駄がありました。なぜなら、無駄なポストが幾《いく》らでもつくれるからです。事業部ごとに、同じようなポストができてきますが、要らないポストだってあるのです。

このような理由から、パナソニックは、発展期には良かった事業部制を、ぐしゃぐしゃに壊《こわ》したのです。

コストダウンのためには、人員の無駄な部分も削《けず》らなければいけません。資材、原材料等の無駄な部分も削らなければいけません。さらに、販売《はんばい》チャンネルの無駄なところ、それぞれ独自にやっていて無駄なところも、削らなければいけません。

それから、パナソニックは「連邦経営《れんぽう》」をしていて、子会社を数多く持っていますが、親会社の言うことをきかない子会社もたくさんあったので、このあたりの意思統一もしなければいけませんでした。お互いに意見がよく通らず、我《が》を張り、うまくいっていないところは、もう少し風通しを良くしなければ駄目になるからです。

こういうかたちで、組織の無駄、人員の無駄、資材、原材料等の無駄、販売の無駄など、要するにエネルギーの無駄を削っていかなければなりません。製品の無駄も当然あります。

無駄を削っていくと、どうなるかというと、当然ながら、原価が下がってきます。当たり前のことです。原価が安くなり、商品をもっと安くできるようになってきます。そうすると、競争に勝てるようになってくるわけです。

こういうかたちで、「どうやって全体のコストダウンをするか」ということを考えないといけません。

デフレ時代にやるべきこととして、いちばん原始的な方法は、前述したように、やはり、「労働時間を伸《の》ばす」ということです。何も考えないでやるなら、まず、これから始まります。

しかし、もっと智慧を使うならば、次は、「どうやって、構造的にコストダウンをし、経費を削減していくか」ということになります。発展期にできたものの無駄があるので、この無駄な部分を削っていく必要があるのです。

どのような会社であろうと、無駄はあります。「無駄がある」というより、「欠点がある」と言ったほうがよいかもしれません。欠点のない会社などないのです。

好調のときには、その欠点は、みな、目をつぶることのできた面があったのですが、競争で敗れていく事態になれば、そういうことは言っていられません。

したがって、「自社の欠点を見つけ出し、それを正していく」ということが非常に大事になってきます。

「親方日の丸」型《がた》で、「絶対に潰れない」と思って働いていたようなところが、すべて危なくなっています。「潰れない」と思っているから危ないのであって、「潰れるかもしれない」と思えば、やらなければいけないことはたくさんあるのです。

「今まで、発展して黒字だった」ということで、甘《あま》く見てきたもののなかに、「もし、今、潰れかけていたら、どうするのだ」と考えれば、「これは削ります。これは要りません」という部分が、やはりあります。ここを削らなければいけないのです。

今は黒字のところであっても、将来は赤字になる可能性はあるので、頭のなかでは、「もし赤字になったら、何をやめるか」ということを考えなくてはいけません。「もし黒字が赤字になったら、何をやめるか。今は一億円の黒字が出ているけれども、三年後はトントンになって、その先は赤字かもしれない。そうなったら、何をやめるか」ということを、今、考えなければいけないのです。赤字になる前に、「ここが無駄だな」という部分を削っておけば、実際には赤字にならずに済むこともあるわけです。

恒常的《こうじょうてき》にあるもの、構造的にあるもののなかで、無駄がある部分を、ぐうっと削っていかなければならないのです。

## 高付加価値の部門を育てる

そして、お金が浮《う》いてきたら、そのお金を、未来の成長性の高い部門に投資しなければいけません。この投資額も競争です。やはり、未来性や将来性の高いところに、いち早く投資した会社が、五年後、十年後に勝つのです。

「赤字だから」と言って投資しないでいれば、潰れるのです。よそが、どんどん良いものをつくってきたら、負けるに決まっています。

無駄な「死に金」の垂れ流しを止め、黒字化してお金をため、それを将来性のあるところに投資して、競争に勝たなければいけないのです。

智慧の一段目としては、「構造的なコストダウンの検討」が必要ですが、前述したように、中国やインドなど、人件費の安いところが競争をかけてきていて、先行き、どう見ても価格は下がってくるので、智慧の二段目としては、「高付加価値の部門を育てる」ということが必要です。それが次の生き残り策です。

ほかのところでもつくれるようなものを、いつまでもつくっていることはできないものです。それは十年後にはないと思ってください。あとから追いかけてきている国が、今、日本でつくっているものをつくれるようになったら、それは、もう日本ではつくれなくなるのです。

では、どこで生きていくかというと、もう一段の高付加価値のところしかありません。

もっと研究しないとできないようなもの、もっと高い技術が要るようなもの、もっと智慧の蓄積《ちくせき》が要るようなもの、こういうものについては、あとから追いかけてきている国も、追いつくのに、まだ時間がかかります。こちらのほうに進まないかぎり、「座して死を待つのみ」ということになるのです。

そういう意味で、「技術をいっそう高める。ソフトのレベルを上げていく。他の追随《ついずい》を許さないもの、さらに高付加価値のものをつくっていく」ということが大切です。

そのためには、教育投資も必要ですし、研究の時間も要るのです。

## やるべき三つのこと

すでに述べたとおり、デフレの時代に、一番目として最初にやるべきことは、「汗を流す時間を増やす」ということです。

ただ、営業員が、実は喫茶店《きっさてん》でコーヒーを飲んで帰ってきただけなのに、営業日報には、「○○を訪問しました」と嘘《うそ》を書いて上げていたりすることがあります。そのようなかたちで労働時間だけを増やすのは能がありません。中身も大事です。

「○○さんのところを訪問」などと書いて上げたとしても、実際には、「雨が降った。映画館に行って帰ってきた」ということであれば、これは一日八時間の無駄です。この無駄な八時間の中身を詰《つ》めていかなければいけません。

映画館や喫茶店に寄り、「どうやって、五時までの残りの時間を埋《う》めるか」と考えている人もたくさんいるのです。このような人たちを日中にきちんと働かせるのも仕事なのです。

工場にも、サボっている人はたくさんいます。

「何か問題が生じたときは作業を止める」という会社もあります。それでうま

## デフレ下の戦い方

- 汗を流し、勤勉に働く
- 無駄を削り、コストダウンを図る
- 高付加価値の部門を育てる

くいっているところもありますが、下手な会社がそれをまねしたら、「『どこかで問題が起きたから』と言っては、みんなで高みの見物をして休んでいる」ということになったりします。そういうことが数多くあるのです。

トヨタのような大自動車会社になると、「工場のどこかで問題が起きたら、停止装置を操作してラインを止め、すぐチェックして、不良品を出さないようにする」という品質管理を、しっかりとやっています。

しかし、おんぼろ会社がこれをまねしたら、どうなるかというと、「どこかで不良品が出たら、みんなで集まり、ワイワイガヤガヤと会議ばかりしている」ということになったりします。そんなことでは、何も製品はできません。

したがって、よそがうまくやっているからといって、自分のところでもうまくやれるとは限らないのです。

労働時間を伸ばす話もしましたが、もう一段、上のことを言えば、それは、もちろん、「勤務時間内の中身の見直し」ということになるでしょう。時間の無駄、仕事の内容の無駄を、徹底的に点検しなければいけないのです。仕事の時間と内容における無駄の点検です。

二番目は、「コスト全体の見直し」です。コストを下げる戦いをしなければいけません。

三番目は、「研究開発等、高付加価値部門については、手を緩《ゆる》めてはいけない」ということです。

すなわち、「他の追随を許さないものをつくり出さないかぎり、生き残れないのだ。どんなに小さな、マイナーな部門でもよいけれども、できれば、今も日本一で、将来も日本一になるような部門をつくっていかなければならない。そうでないと、五年後、十年後には、会社はなくなるかもしれない。ほかのもので取って代われるもの、ほかのところでできるようなものは、消えていく可能性が高い」ということです。

# 3 いっそう智慧《ちえ》が磨《みが》かれる時代

## 日本の銀行や役所の仕事の問題点

商売においては、あるところが潰《つぶ》れたとしても、ほかのところが簡単にカバーしてしまうため、買うほうは、本当は別に困らないでしょう。しかし、売るほうにとっては、これは辛《つら》いことです。どこかの商社が潰れても、よそが代わりに商《あきな》いを増やすだけなのです。

メーカーも同じです。どの自動車会社が潰れても、自動車会社はたくさんあって、ほかの会社が頑張《がんば》るので、本当は大丈夫《だいじょうぶ》なのです。

銀行も同じです。昔から、どの銀行が潰れたとしても、本当は困りはしないのです。

私は、十年近く前に、「日本の銀行は必要な数の二十数倍もある。ある程度は淘汰《とうた》していかないと、国民に対して、本当の意味でのサービスはできない」ということを述べましたが（『繁栄の法』〔幸福の科学出版刊〕の第4章「成功のための考え方」参照）、実際、その方向に進みました。日本の銀行は、だんだん攻《せ》め込《こ》まれて、現在、都市銀行は三大メガバンクに再編されています。

これは、実感としては、もうずいぶん昔から分かっていたことです。日本の銀行の仕事には付加価値があまりないのです。

日本には〝役所〟が二つあったわけです。一つは、公務員、すなわち国家公務員や地方公務員の役所であり、もう一つは銀行です。はっきり言えば、銀行も〝役所〟だったのです。

どの銀行も、国家主導型で完全管理され、同じサービスしかできませんでした。これは配給制の名残《なごり》であり、昭和十年代の戦時統制とほとんど同じです。自由に仕事ができないわけです。国の言うとおり、お上《かみ》の言うとおりにそのままやり、銀行に対する申し入れ等があれば、それを稟議《りんぎ》決裁します。これでは役所と同じです。

一時期、「経営が危ない」と言われていた大銀行と、かつて、私は仕事でお付き合いをしましたが、そこは、ほとんど役所のようでした。申し入れをすると、一年後ぐらいに、その答えが返ってくるのです。

夏ごろに、支店に申し入れをしたところ、答えが返ってきたのは、その一年後、翌年の夏ぐらいです。そして、どういう答えが返ってきたかといえば、「今、本店に稟申しました」という内容のものでした。

要するに、時間を稼《かせ》いでいるのです。だいたい、申し入れというものは、そのとおりになると銀行のほうに不利なことが多いので、仕事をしないことによって時間稼ぎをしているわけです。

企業《きぎょう》が交渉《こうしょう》で言ってくることは、企業のほうを有利にしようとしている事柄《ことがら》なので、結果的には銀行にとって不利になることです。そのため、銀行としては、「企業の申し入れの処理を遅《おく》らせれば遅らせるほど、メリットが大きい」と考えるわけです。「じっとしていて、握《にぎ》り潰せたら、有利になる」という考え方をするのです。

これは、お役所も同じです。「何回も言ってこなければ放っておく」というのが基本的なパターンです。役所も、最近は全体に仕事が少し速くなっていますが、基本的には、「握り潰している時間が長いほど有能」というような感じになっています。

銀行もそうなのです。

普通《ふつう》の個人客は別かもしれませんが、企業の交渉担当者は、「もう少し融資《ゆうし》の金利を下げてくれ」とか、「預金をもっと減らさせてくれ」とか、そういうことばかり銀行に言います。

「歩積《ぶづ》み両建《りょうだ》て」は禁止されているにもかかわらず、実際上、銀行は企業にそれをやらせました。「十億円を貸すから、三億円は定期預金に置け」というようなことを言い、そうさせました。これでは、実際には七億円しか貸していないのと同じです。企業に十億円を貸しても、「三億円は預金で置け」と銀行は言うわけです。

こういう銀行を相手に、企業は、この三億円の預金を取り崩《くず》して預金額を下げようと交渉をするわけですが、それは無駄《むだ》な仕事です。その時間は無駄です。

これは、銀行があぐらをかいているだけです。

「十億円を貸したら、十億円を使わせる」というのが当たり前の話なのですが、銀行は、十億円を貸しても、「三億円ぐらいは預金で置いておけ」と言ったり、相手が弱いと見たら、「十億円をそのまま預金に置いておけ」と言ったりします。「十億円をそのまま一カ月ぐらい銀行に置いておけば、そのあと七億円を使わせてやる」というようなことを、好況《こうきょう》のときには、やっていたのです。

そこが、攻め込まれています。仕事にそれほど付加価値がなく、やっている仕事は役所と変わらなかったため、攻め込まれているわけです。

結局、商売の速度を遅くしてきたようなところが、攻撃《こうげき》されているのです。役所も、どんどん構造破壊《はかい》をされていますが、銀行もそうです。資本主義社会、市場経済の進展を遅らせてきたところが、攻撃されています。「そんなものは仕事ではない」と言われているのです。

また、銀行は、新しく商売をしようとしている人には、「信用できない」と称《しょう》して、なかなか、お金を貸そうとしません。銀行は努力していないのです。もう何十年も続いている古手の企業にばかり貸し付けて、ずうっとそのままにし、「これから新しく商売をしたい」という企業には、責任を取るのが怖《こわ》いので、貸しません。「失敗したら、どうする」ということで、怖いから貸せないのです。

こういうところが、攻め込まれて、業種として不況になっているわけです。

## 猛省《もうせい》して、もっともっと努力する

こういうところは、やはり苦しまなければいけません。苦しまなければ、良いものができないので、徹底的《てっていてき》に苦しんだほうが、世のため、人のため、自分のためになると思います。

彼らには、「不要なものであった」という認識がなかったのです。「従来の仕事は、良い仕事ではなかった」ということの認識が足りなかったのです。良い仕事ではないのに高給を取っていたものが、攻め立てられているわけです。

これに対しては、やはり猛省《もうせい》が必要です。猛省して、もっともっと努力する必要があります。

銀行は、もっと、十倍ぐらい働けます。これまでも、十倍ぐらい付加価値の高い仕事はできたはずだと思います。少なくとも、リスクを冒《おか》す勇気があれば、あるいは、もっとお客さんのことを考えて行動する勇気があれば、仕事の速度を上げる勇気があれば、十倍ぐらいの付加価値を生めたはずです。その部分についての反省を求められているのです。

ゼネコンも同じでしょう。やはり、寡占《かせん》状態になって、高い値段でしか仕事をしなかったところを、構造不況が襲《おそ》っているのです。仕事を、かなりのところまで、寡占、独占できることによって、不当にも値段をつり上げてきた部分について、攻撃が来ているわけです。

お客さんのニーズに合ったところまで、コスト面も併《あわ》せてサービスが良くなっていかなければ、やはり許されないでしょう。

この流れは、単《たん》に「倒産《とうさん》が来る。不況が来る」ということではなくて、よいことなのです。「もっと努力せよ。もっと智慧《ちえ》を出せ。智慧を磨《みが》け。何十年も、創意工夫《くふう》なくして、ただただ高給を食《は》むのは許さないぞ」という、市場の反撃が来ているわけですから、悪いことではありません。

ここで苦しんで、智慧を出し、改革をして、もっともっと世のため人のために役に立つ仕事をするように変わっていかなければならないのです。

商店、ディスカウントショップ等も、いろいろありますが、ものを売るだけだったら、今、代わりは、いくらでもあります。このなかで生き延びるのは大変なことです。

「何でもって生き延びるか」ということを考えなくてはなりません。潰れたとしても、すぐ、よそが売るだけですし、値段の安さだけを言えば、もっと安いものが出てくるのですから、厳しいわけです。

したがって、絶えざる勉強しかないでしょう。「何が必要とされているのか。どのようなものが、人々のニーズとしてあるのか。あるいは、未来のニーズとしてあるのか」ということを考え、品揃《ぞろ》え、サービス、その他において、一生懸命《いっしょうけんめい》に努力しないかぎり、道はないでしょう。

そういうことで、「厳しい時代ではあるけれども、いっそう智慧が磨かれる時代でもある」というように考えてよいと思うのです。

## 4 経営における四正道《よんしょうどう》

### 「お客さま第一」の考えと、さまざまな知識や智慧《ちえ》

幸福の科学は、「四正道《よんしょうどう》」として、「愛・知・反省・発展」を唱えていますが、これは、見方を変えれば、全部、経営者のための教えのようなところがあります。

まず、「愛」の教えについては、どうでしょうか。

これは、「お客さま第一」「お客さまのため」「サービス第一」ということでしょう。お客さまのことを考えて仕事をするのが「愛」です。

「知」のところは何でしょうか。

これは、例えばメーカーであれば、高品質、高い技術力、新しい知識、こういうものをどんどんつくり出していくこと、生み出していくことでしょう。知識もあれば、そこから出てくる智慧《ちえ》もありましょう。新しい専門的な知識、高度な知識、それから、つくったり運営したりするノウハウの智慧です。

この「知」が必要です。

## 失敗や欠点を反省しなければ発展しない

「反省」は何でしょうか。

経営をしていると、失敗はたくさんあるでしょう。ここのところを、一個一個、反省しなければ駄目《だめ》なのです。

経営者であろうと、そうでない人であろうと、同じなのですが、駄目な人は、すべて人のせいにします。「政府が悪い」「この業界が悪い」「外国の、どこそこが悪い」「新しくライバルとして出た、ここが悪い」などと、すべて人のせいにするのです。

こういうところは、潰《つぶ》れるところです。個人でも、こういう人は潰れるのですが、企業《きぎょう》としても潰れます。

こういうところは、人のせいにしたり、環境《かんきょう》のせいにしたりします。デフレになったらデフレのせいにし、インフレになったらインフレのせいにし、インフレもデフレも起きない横這《よこば》いの状態《じょうたい》だったら、そのせいにし、自分の責任など何もないことにするのです。

しかし、同じような状況《じょうきょう》にあっても、あるところは繁栄《はんえい》し、別なところは衰退《すいたい》しているのですから、何か理由があるはずです。

したがって、「反省」がない企業には、「発展」の可能性はないのです。

すでに述べたように、どの会社にも欠点は絶対にあります。欠点のない企業などありません。その欠点を埋《う》め合わせる長所の部分があるから、もっているのです。欠点と長所がトントンであるか、あるいは長所のほうが多いから、もっているわけです。

しかし、もう一段、伸《の》びていきたければ、やはり、欠点を反省しなければいけません。

「自社の欠点は何であるか」ということを、自分の目で観《み》ます。それから、自分のところの社員が、智慧を尽《つ》くして観ます。さらに、お客さんの目でもって観ます。「お客さんは、どう判定しているのか」ということを観るのです。

自分のところのものが売れなくなったとき、「デフレで、お客さんの収入が減ったからだろう」と思うかもしれません。ただ、同業者は全国一律に売り上げが減っているかといえば、そんなことはないでしょう。

収入が減っても、人々は、必要なものは買い続けます。買わないわけはありません。家も必要ですし、食べ物も必要ですし、着る物も必要です。必要なものは買い続けるのです。

しかし、収入が減れば、人々は、選別する目が厳しくなってきます。そのため、良くないものや値打ちのないものは買うのをやめます。値打ちのあるものを売っているところへ買いに行き、少しでも得なものを買います。それだけのことです。人のせいにするのであれば、同業種が全部潰れてからにするべきです。

ある店が潰れたとして、それを「不況のせいだ」と言えるかというと、そんなことはありません。伸びている店もあります。あるスーパーが潰れたとします。「不況のせいだ」と言うかもしれませんが、そうではありません。よそがしっかりと伸びているから潰れているのです。

これを知るということは、厳しいことです。今まで、自分の会社を愛していたし、うぬぼれていたし、天狗《てんぐ》になっていたでしょう。それで経営者は気分が良かったはずです。そのため、自分のところが「悪い」とか、「欠点がある」とか、「失敗した」とかいうことを認めるのは辛《つら》いことです。

しかし、それをやらないかぎり、生きていくことはできません。座して死を待つのみです。

したがって、反省の教えというものは、特に、経営においても非常に大事なのです。

## 人の意見を聴《き》き、しっかり観察する

反省は自分でやるしかありません。よその会社は、親切に言ってはくれないのです。

よその会社が、ライバル関係にある相手に対して、「おたくは、ここが悪いから、駄目なのです」と言うと思いますか。言ったら相手が立ち直ってしまうので、言いません。相手の会社が静かに死んでいってくれるのをじっと待ち、喜んでいるのです。「あと三年で、あそこは潰れる。潰れたら、あそこの客を取れるな」などと思い、黙《だま》って見ています。

相手の会社の経営が改善するような方向の話など、絶対に言いません。それを言う人はお人好しです。言ったら負けるのです。お人好しは、やられるわけです。

例えば、アサヒビールという会社があります。凋落《ちょうらく》していたのに、アサヒスーパードライというビールを出して巻き返し、キリンビールを追い詰《つ》め、苦しめていて、今、ビール業界のトップ争いをしています。

その当時、アサヒビールの社長になった人は、ビール会社の人ではなく、銀行員でした。銀行の副頭取《ふくとうどり》がアサヒビールに社長として行ったのです。

その人は、「ビールのことは全然分からない」ということで、各ビール会社を回り、頭を下げ、腰《こし》を低くして、「教えてください」と言いました。「なるほど、そういうことですか。そうしたら売れるのですか」「うちのどこが悪いのですか。なるほど、そうですか」と、聴《き》いて回ったのです。

その結果、そのアサヒビールの社長は、「うちの会社は、古くなったビールを回収しないで放っておくらしい」ということを知りました。ビールは、できてから時間がたつにつれて味が落ちてくるので、古くなると味が悪くなります。そこで、その社長は、古くなったビールを、全部、回収して捨てさせました。

それから、消費者に、「どういうビールが欲しいのか」ということを訊《き》き、試作品をつくって反応をチェックしました。こうして自分たちなりに独自に考え、スーパードライなどを売り出したところ、なんと、アドバイスをした会社のほうが負けてしまったのです。

このようになるわけです。お人好しだったために、「相手は素人《しろうと》だ」と思って一生懸命《いっしょうけんめい》にアドバイスをし、「おまえのところは、ここが悪い」と教えてやった会社が逆に負けています。今度は反対に、教えたほうが教えてもらいに行かなければなりません。「うちは、どうして負けたのでしょう」と、訊きに行かなければならないでしょう。

これは怖《こわ》いことです。こういうことがあるため、同業者は、こちらのほうが良くなるような話は、めったに教えてくれるものではないのです。たいていは、こちらが潰れるのを待っているだけで、何も言ってくれません。

しかし、そのように腰を低くして行ったら、教えてくれることもあるのです。この辺は〝ミソ〟の一つです。

経営者はプライドが高いので、「人の意見を聴かない。教えを聴かない」というところがあります。しかし、こういう例もあるので、腰を低くして、「ちょっと人に教えてもらおうかな」という気持ちを持ってもよいかもしれません。

同業者に、「この会社に教えたら、うちが危ない」と気づかれるまでは、それで発展します。「教えたら危ない」と思われたら、もう誰《だれ》も言ってくれませんが、それまでは、「うちも大変なのです。苦しいのです。少しは何かアドバイスをしてもらえませんか。おたくは、なぜ、そんなに売れるのでしょうか」などと言うと、お人好しにも、教えてくれる人がいるのです。

教えてくれたらチャンスです。「どうして、そこは繁栄《はんえい》するのか。どうして、自分のところは駄目なのか」ということについて教えてくれたら、うれしいものです。

経営者で「もう一つ、うまくいかない」という人は、自分の能力に限界があることは分かっているでしょうから、人の意見も聴かなくてはいけません。お客さまの意見を聴くのは当然ですが、同業他社の意見も聴かなくてはいけないのです。「なぜ、そこは成功し、なぜ、自分のところは失敗したのか」ということについては、教えてくれないかもしれないけれども、場合によっては教えてくれるこ

## 経営における四正道

- 1. 愛　お客さまのことを考えて仕事をする
- 2. 知　専門知識、運営のノウハウなど
- 3. 反省　失敗や欠点を反省する
  そのためには、人の意見を聴いたり、
  他社を観察したりすることが大切

↓

- 4. 発展　経営の改善、事業の繁栄へ

ともあります。また、教えてはくれないまでも、ヒントのようなものが何か感じられることはあります。

成功しているとき、人は、その秘密をペロッとしゃべる傾向《けいこう》があります。そして、相手を「負けている人だ」と思うと、何かアドバイスをしたくなるものなのです。相手を「負け犬だ」と思うと、何か言ってやりたくなることがあるのです。ここはチャンスです。

したがって、「同業者や、その業

界をよく知る人に、ちょっと訊いてみる」ということもしなくてはいけません。

それから、自分の店の経営が大変なら、似たような店のところへ立ち寄ってみて、「どういう商売をやっているのか」ということを、しっかり観察することも大事です。

そういう努力がないと、「ますます発展する」ということはありません。

## 5 厳しい時代は、変身するチャンス

以上、経営のためのヒントをいろいろと述べましたが、「全体に難しい、厳しい時代だ」というときは、ある意味でチャンスだということです。自分たちが変

身するチャンスです。

利益が出ていて好調であれば、誰《だれ》も変身などしません。苦しいからこそ、変身するチャンスなのです。

そういうときには、何をやったとしても文句を言われません。変わったことをしても、社員も黙《だま》っていてくれます。

その意味で、厳しい時代はチャンスであり、思い切って改革をする時期なのです。それをすれば、未来は、まだまだ、たくさん開けるのではないかと思います。

# 経営のためのヒント〔質疑応答〕

## 1 人々にマインドの転換《てんかん》を促《うなが》すには

【質問】

デフレなど、昨今の非常に厳しい経済環境《かんきょう》のなかにあって、世間一般《いっぱん》の人々、特に五十代以上の人々は、戦後の高度成長期やバブル期など、すべてがうまくいった時代の余韻《よいん》にすがり、なかなかマインドの転換《てんかん》ができずにいる面もあるように感じられます。そういう人々に対する指導の方法や、リーダーの心構えについて、お教えいただければと存じます。

## 一般《いっぱん》の人々の認識は遅《おく》れるもの

いつの時代でも、いち早く気がつく人は賢《かしこ》い人です。たいていの人は分からないのです。

例えて言えば、こういうことです。

踏切《ふみきり》を渡《わた》るとき、電車が来る前に、ゴーッという音だけを聞いて、「電車が向こうからやってくる」と分かる人は、賢い人です。普通《ふつう》の人は、目の前を電車が通っているときに、「電車が通っている」と分かります。また、電車が通り過ぎてから、「電車が通ったのだ」と分かる人もいます。

世の中の動きに対する認識の違《ちが》いを、これに当てはめて考えた場合、割合としては、電車が通り過ぎてから分かる人のほうが多いのです。目の前を電車が通っているときに、それが分かる人は、それでもまだ優《すぐ》れていて、「中の上」以上という感じです。電車の姿が見えないのに、電車の来るのが分かる人は、かなり賢い人です。

そのように、人によって認識が何年かずれるのです。

多くの人が、今の時代について、まだ正しい認識を持っていないことには理由があります。

一九九〇年以降について、「十年不況《ふきょう》」とか、「失われた十年」とか、いろいろと言われていますが、「これは政府の失敗だ」「これは旧大蔵省（現財務省）の失敗だ」などと思って済ませている人が多いのです。だから、駄目《だめ》なのです。

政府の失敗というのは事実ですが、「そういう失敗を十年もやったのだから、もう、これからは続くまい」ということで、「どこかで、きちんと政策転換《てんかん》をしてくれるのではないか。昔の高度成長のころのような政治家が出て、『所得倍増だ』などと言って、景気をグイグイッと上げてくれるのではないか」とか、「ふと気がつくと、またインフレになっているのではないか」とか、そのように思っている人が多いのです。

経営者は六十歳《さい》から七十歳ぐらいの人が多いでしょうから、そういう高度成長の時代を経験しています。そのため、彼らは、この「十年不況」と言われるものについて、当初、「これは、二、三年で終わる。すぐにまたもとへ戻《もど》る。これは調整局面だ」と思っていました。ところが、十年以上も続いたので、びっくりしているのです。

「確かに、この『十年不況』は失政によるものですが、デフレ自体は構造的なものなので、今後も変わりませんよ」と言われても、「本当ですか」と言う人、「今後を見るまでは分からない」と言い、見終わって、会社がなくなってから気がつく人など、いろいろな人がいます。

「今後も、デフレ基調は変わりませんよ」と言われて、「それだったら大変だ」

と驚《おどろ》く人が八割ぐらいです。そして、ほとんどの人が、「総理大臣を替《か》えたら、どうにかなるのではないか」とか、「外国の力で、どうにかなるのではないか」とか、そういう考え方をします。

ただ、今の日本の政治では、それほど景気を上げられません。

アメリカは、景気が悪くなったら、すぐ戦争を始めます。砲弾《ほうだん》、ミサイルなどをバンバン撃《う》ち込《こ》んで消費したら、またそれをつくらなければいけないので、軍《ぐん》需《じゅ》産業の収入が非常に増えます。アメリカの政治には、景気を良くするだけの力があるわけです。

しかし、日本の今の政治家には、そのような、「自分たちで消費してまで景気を良くする」というほどの頭はないので、全体に、ちょっと受け身です。

## まず自らが心構えを変える

そういうことで、一般の人の認識は、ずいぶんずれるでしょうが、これは、しかたがないのです。

したがって、まず、経営者をしている人や、企業《きぎょう》に勤めている人たちで、私が述べているようなことをいち早くキャッチした人が、心構えを変え、変化してください。

そうすれば、自分が経営者の場合は、十人、二十人の会社なら、会社はすぐ変わるでしょう。

大企業に勤めている人の場合は、そうは簡単にいかないでしょうが、自分の課や部が変わるぐらいのことはありえます。「あそこの課は、何か、ずいぶん変身したよ」「あそこの部は、ずいぶん変わったよ」と言われ、しかも、それが一時《いちじ》の発心《ほっしん》ではなく、ずうっと変化し続けるのであれば、ほかのところも見習ってくるでしょう。それが、その会社を救うための牽引力《けんいんりょく》になるでしょう。

もちろん、トップの耳に入るのがいちばん良いのですが、前述したように、トップには高度成長期を経験している人が多く、彼らはそれが忘れられないのです。それで、「またどこかで良くなって、もとのようになるのではないか」と思っているため、駄目なのです。

この不況期に入社した人が経営陣《じん》に入るころには、そうではないことが分かるでしょう。しかし、それはずいぶん先の話です。そのころまで会社があればよいのですが、なくなっているかもしれません。

したがって、まず、やれるところからやるしかないのです。私の教えを学んでいる人で、経営者や、会社の部長や課長をしている人から実践《じっせん》するしかありません。あるいは、主任や平社員であっても、できないことはありません。仕事のやり方を変えて実績があがれば、それで周りの人が目覚めることがあるのです。

そのようにして、あちらこちらで展開していけばよいと思います。

幸福の科学系の企業というか、この信仰《しんこう》をもとにしている企業が発展することは、真理の実証にもなります。

本章の4節では、「四正道《よんしょうどう》」のうち、「愛」「知」「反省」について述べましたが、「発展」について述べると、「『幸福の科学の教えを受けているところは、うまくいっている』ということが実証されれば、教えもますます広がり、良いことがたくさんあるので、当会の会員の企業も、こういうときにこそ、発展・繁栄《はんえい》していただきたい」ということです。

会社の仕事は単独でやっているわけではなく、取引先などがいろいろあるので、やがて波及《はきゅう》していくでしょう。

そのように、できるところからやっていけばよいと思います。

## 2　部下にやる気を持たせるには

【質問】

「部下のやる気」について質問させていただきます。

これまでの時代は、部下に対して、さまざまな処遇《しょぐう》や給料の面で動機づけを行い、モチベーションを与《あた》えてきたわけですが、だんだん、そういうことができない時代になってきています。

そこで、部下にプラスのモチベーションを与えるためのヒントについて、お教えいただければと存じます。

## 上司のやる気は部下に伝染する

あなたは、質問のなかで、「部下のやる気」という言い方をしています。たいへん失礼なのですが、普通《ふつう》は、「部下のやる気」ということを言う人ほど、駄目《だめ》なのです。

一般《いっぱん》には、部下がやる気のない場合は、上司も大したことはありません。やはり、下よりは上のほうが強いので、上のほうにやる気が出てくると、それは、どうしても下に伝染するのです。

したがって、あまり下のせいにしてはいけないところがあります。部下は、認識力が低いから部下をやっているのだし、知識が少ないから部下をやっているのだし、経験が少ないから部下をやっているのです。

やはり、「上のほうから、できるだけ、やる気を出していき、最後は末端《まったん》まで変化する」というのが基本です。

厳しい言い方をして申し訳ないのですが、企業《きぎょう》の経営者には、怒《おこ》ってあげたほうがよく効くのです。ほめたら、だいたい駄目になります。「あなたのところは駄目だ」と言われると、みんなビシッと引き締《し》まるのです。

## 熱意、使命感は、どこから生まれるか

戦後に発展した、いろいろな企業等を見ても、異常性のある発展をしたところは、残らず、そこの経営者が、「異常性のある熱意」を持っています。その熱意は並ではありません。いわゆるサラリーマンの熱意とは違《ちが》います。サラリーマンの熱意は給料の範囲内《はんいない》でしょう。異常な発展をしたようなところは、すべて、経営者の熱意が普通ではないのです。

トップのその熱意は、どこから来ているかというと、やはり使命感でしょう。

その使命感は、どこから生まれているかというと、「『わが社は何のためにあるのか』という問いの答えを求めて考え続けている」ということでしょう。「わが社は、何のためにあるのか。何のために存在するのか。何のために存在し続けなければならないのか」という問いに対する答えが、「社員がみな食っていくため」「私が社長を続けるため」ということだけであれば平凡《へいぼん》です。

これは普通の会社の答えです。「社員が飯を食えて家族を養えるために、そして、私が社長を続けられるために、わが社が存在し続けられるといいな」という答えは、普通の答えなのです。

しかし、こんな答えでは駄目です。たとえ、小さくても、社員が三十人、五十人、百人の企業であっても、「世を照らす。社会を照らす」という気持ちを持っているところは、やはり大きくなります。

それ以外の条件もたくさんありますが、まず、そういう情熱を持たないかぎりは発展しません。

その情熱が異常に高い人のところでは、求心力が働いて、その人が磁石のようになり、周りがねじ曲がってくるのです。近くにいる人たちも磁石になってしまうので、社員も磁石化し、取引先、あるいは同業他社まで吸い込《こ》んでいき、どんどん大きくなっていくというような感じです。

ところが、上のほうが満足してしまい、「こんなものでいいかな」と思って小成すると、駄目になります。

会社が大きくなってくると、年次計画のようなものを立てます。そして、それが達成されれば、「万歳《ばんざい》。よかった。これを達成すると、給料もボーナスも、予定どおり満額入る。これでいいのだ。来年も、これが続くといいな。再来年も、このままいくといいな」などと考え、経営者も役員も部長も課長も平社員も、みな、だいたい満足するのです。

あとは、「潰《つぶ》れなければいいな」というような感じでしょうか。だいたい、「私が結婚《けっこん》するまで会社があるといいな」「子育てが終わるまで会社があるといいな」という程度の消極的な見方になります。

しかし、こういうことでは、やはり、敗れていく可能性は高いと言わざるをえません。

したがって、情熱が必要です。情熱のもとは使命感です。使命感のもとは、「わが社は、何のために存在するのか。なぜ存在し続けなければいけないのか。なぜ、この社会が、国が、世界が、わが社を必要とするのか」という問いに対する答えを求め続けることです。そういう経営者には、信念、使命感が生まれ、情熱が生まれてきます。

競争は多いので、はっきり言えば、なくなったとしても困らない会社ばかりです。会社のほうは、「そんなことはない。うちこそ老舗《しにせ》です」「百年やりました」

「有名な会社です」などと言うわけですが、「本当に必要か」というところを、やはり問われているのではないでしょうか。

自動車会社を例にとれば、トヨタは、一時期、年に一兆円もの利益をあげていましたが、そのような会社だって、消えても困らないかもしれません。トヨタが消えても、今、不振《ふしん》の会社が、みな立ち直って頑張《がんば》るだけで、消費者などは困らないかもしれないのです。そういう危機感があるから、トヨタは、「改善、改善」と言って、みんなで改善運動をしているのだと思います。

ある会社や店が、今、地上から消えたとして、その当座は、そこで働いていた人たちは困りますが、それ以外の人にとっては、消えて困る会社も店も、そんなにはありません。競争があるので、すぐにほかのものへ鞍替《くらが》えできるのです。

テレビだって、自動車だって、ほかの会社から買えます。着る物だって、よそから買えます。農作物だって、日本で穫《と》れなければ、海外から買えます。

だからこそ、「なぜ、うちの製品を買い続けてもらわないといけないのか」「なぜ、わが社があり続けなければいけないのか」という問いに答えなくてはいけないのです。

これに対する答えを考え続ける経営者の下《もと》で、そういう情熱が生まれてきます。それを考えていただきたいのです。

## 「なぜ、わが社は必要なのか」という問いに答えよ

「部下にやる気がない」というのは、一般的に、どこでもそうなのだろうと思います。給料以上は働く気のない人が九割以上です。

給料以上に働く気のある人は、出世していく人なのです。トントン、トントンと上がっていく人は、給料以上に働いている人です。

しかし、たいていの人は出世しません。そして、出世しない人は、「給料以上

に働いたら損だ」と思っています。

「給料以上に働かないと、自分としての使命が果たせない」と思っている人は、同期を尻目《しりめ》に出世していく人です。こういう人は、いつも一部なのです。

ただ、その会社のなかでは、そのようになるけれども、やはり、ほかの会社に比べて違いが出てこなければ、会社全体としては、良くなっていきません。

そういう意味で、「本当に必要とされているのか」ということを問うてほしいのです。

これは宗教でも同じだと思います。

雑誌の特集などで、ほかの宗教の関係者の発言をいろいろと読んでみると、「今は、こういうデフレの時代に入ったので、宗教はどこも寂《さび》れていて苦しいのです」などと述べています。やはり、デフレのせいにしたり、不況《ふきょう》のせいにしたりしています。

しかし、この百年を見るかぎりは、構造的に、不況期には宗教は伸《の》びているのです。なぜかというと、不況期には、人間心《にんげんごころ》で努力したりしても、どうにもならないので、神様、仏様《ほとけ》に頼《たよ》る人が増えるからです。不況期は、本当は宗教は伸びる時期なのです。

ところが、「不況期だから、信者が増えない」「不況期だから、収入が増えない」と言う宗教がたくさんあります。宗教も、ほとんど企業と同じになっているのです。

不況やデフレを言い訳にしたら、その段階で努力が終わってしまいます。不況だから伸びないのではなくて、あるいは、デフレだから駄目なのではなくて、必要とされていないから、広がらないし、伸びないのです。そういうことだと思います。何でも同じことです。

幸福の科学も、伸びなければ、必要とされていないことになるのですから、

「必要とされ続けるためには、もっと必要とされるためには、どうしたらよいのか」ということを考え続けることが大切です。私も考えていますが、各セクションの長も考えるべきことです。そうすると、それが下までだんだん伝染していきます。

このように述べるのは申し訳ないけれども、「たいていの企業は、たとえ潰れたとしても、ほかのところが代わってくれる」ということです。したがって、「絶対に必要だ」と言い切るのは非常に難しいことです。

だからこそ、「『絶対、うちの会社がなければ困るのだ』というものを考え出せ。その哲学《てつがく》をつくり出せ」と言わなければいけません。そうすれば、みんなが燃え上がってきます。そうなれば、発展するでしょう。その哲学を持っていない会社と持っている会社の違いは歴然です。

そういう使命感のもとにあるのは、「なぜ、わが社は必要なのか」という根源的な問いを持ち続ける、経営者なり管理職なりがいることでしょう。そういう問いを持ってください。

例えば、当会の国際局で言えば、「なぜ、海外に、この教えが広がらなければいけないのか」という問いです。これに答えられたならば、海外の会員は五倍にも十倍にもなるはずです。しかし、答えられなければ、毎年の計画以上には、いかないはずです。それだけのことです。

これは企業についても同じです。こういう問いに答えなければいけません。それを考えている力が影響《えいきょう》を与えてくるようになるのです。

簡単です。お金は要《い》りません。それに答えてください。

「なぜ、わが社は要るのか。なぜ、必要なのか。なぜ、存続しなければいけないのか。デフレであろうが、不況であろうが、潰れないでいる理由は何なのか。なぜ、潰れないでいてほしいのか。なぜ、わが社の商品、製品は、売れなければ

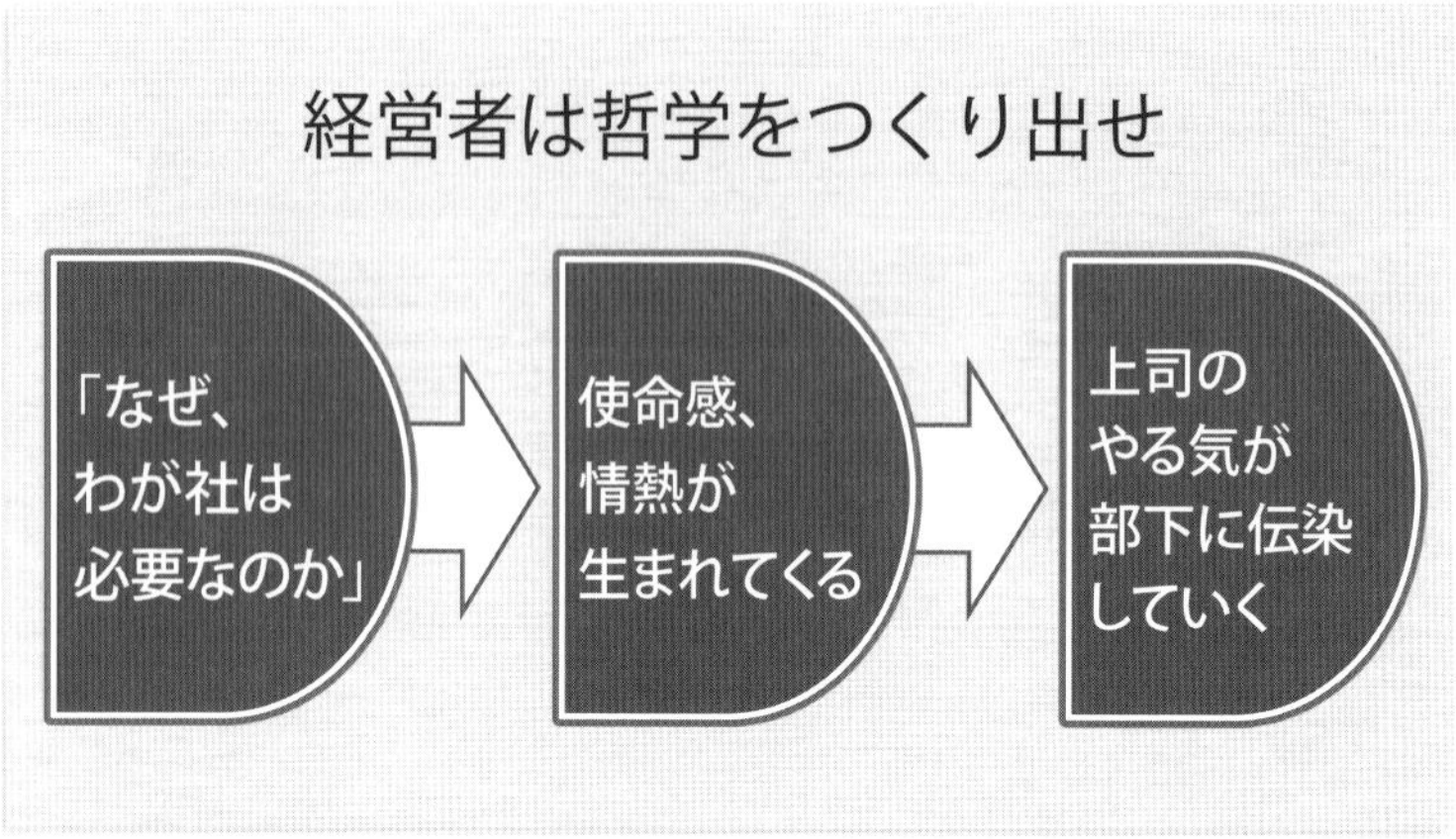
経営者は哲学をつくり出せ
「なぜ、
わが社は
必要なのか」
使命感、
情熱が
生まれてくる
上司の
やる気が
部下に伝染
していく

いけないのか」

こういう根源的な問いに答えてください。その答えを考えるなかで、やるべきことは、はっきり見えてくるはずです。

各企業で、それぞれ商品が違うので、個別具体的なアドバイスはできませんから、自分で考えてみてください。

その問いに答えたならば、来年も、再来年も、十年後も、その会社は発展し続けるはずです。

# 3 中国進出における注意事項《じこう》

【質問】

現在、多くの企業《きぎょう》が中国へ進出している一方、「中国の経済は破綻《はたん》する」というような予測もあります。

その辺の見通しと、中国進出における注意事項《じこう》について、お教えください。

## 国内で駄目《だめ》な会社が海外に出ても成功しない

人件費が安いところへ出て失敗した企業は、昔からたくさんあるのです。

もちろん、海外への進出においては、カントリーリスクというか、政治的なリスクがあって、一企業ではいかんともしがたいものがあります。そのため、大きな政治の転換《てんかん》という波に呑《の》まれると、どうにもならないところがあるのは事実です。

ただ、そういうリスクがあることは承知の上で、今は、新規に出なければいけない時代でもあります。

しかし、「国内でうまくいかないから、海外に出て成功しよう」というところは、原則、潰《つぶ》れると思って間違《まちが》いありません。「よそに活路を開こう。血路を開こう。どこかで、うまくいくのではないか」などと考え、国内の戦いから逃《に》げて、よそで戦おうとしているところは、敗れると見てよいのです。

国内で駄目《だめ》なものが、海外に行って、そんなにうまくいくわけがありません。日本語が通じて、文化も風習も、人情も、地の利も、仕入れ先も、販売先《はんばいさき》も、同業他社が何をやっているかも分かっている日本で敗れた会社が、そういうことの分からない海外に行って、勝てるわけがないのです。当たり前のことです。

勝てるとしたら、まだ、よそがどこも来ていないところで小さな商売をやれば、勝てるかもしれません。しかし、よそが来たら負けるに決まっています。それだけのことです。

海外に出て成功するのは、国内で、今、不況期《ふきょうき》にもかかわらず健闘《けんとう》しているところです。国内で倒産《とうさん》の危機にあえいでいるようなところが海外に出たら、失敗します。国内で、「同業者はみんな苦しんでいるが、うちは調子が良い」というところが海外に出れば、成功します。

これは、経営的に言うと、ダム経営型と同じです。ダム経営においては、「ダムに水をため、それを、必要なときに流し、必要がないときは止める」というやり方をします。

「国内で大成功し、ノウハウなり、資金なり、いろいろなものがたまっていて、余力があって海外に出ていく」という企業は、いちおう、「損切り」をしていると思います。「このくらいまでは、全部、焦《こ》げついたとしても、うちは潰れはしない」ということを、だいたい見越《みこ》してやっているのです。

そういうところと、「ここで成功しなければ潰れる」というところとでは、違いがあります。

大企業のトヨタも、中国に進出し、天津《てんしん》に工場を建設しましたが、「最初の年間生産台数は三万台」と言っていました。ずいぶん手堅《てがた》いものです。もし三万台のうち一台も売れなかったとしても、トヨタにとっては、どうということもないでしょう。手堅いものです。

ところが、夢想家ほど大きくやるのです。すぐ「何百万台」などと考えるのは夢想家のほうであって、そういう人は、「命懸《いのちが》けで会社ごと勝負をかける」というようなことをします。

トヨタのように儲《もう》かっているところほど、「小さく手堅くやって、評判を上げてから、大きくやる」というような考えでいきます。そういうところはうまくいくのですが、人件費の安さだけに活路を求めていくようなところは潰れると見てよいでしょう。厳しいものです。

## 基本は本業で利益を出すこと

「本業が駄目なので、副業で何か新しいものをやり、そこで立ち直って黒字を出し、赤字を埋《う》めよう」という考えの企業は、こういう時代には、ほとんど潰れると見てよいのです。

やはり、本業で利益を出さないといけません。それが基本です。

本業でそれができていないのに、ほかに副業をやれば、そこにエネルギーも取られるし、智慧《ちえ》も取られるし、お金も取られます。それから、新しいノウハウの形成もしなければいけないので、そこでも大変です。能力が足りないので、利益もあがらず、本業まで傾《かたむ》くのは確実です。今でさえ悪い本業の経営が、もっと悪くなってしまいます。

本業が潰れたら、だいたい、あとの回復は不可能です。別なところに転業するしかありません。

そのように考えるべきです。

「本業が駄目なので、新しい商売をやって成功しよう」という考えの人は、五年以内に経営者でなくなっていると見てよいと思います。

一方、「本業でうまくいっている。その一部を新規のものに当てるけれども、万《まん》が一《いつ》、これが潰れても、びくともしない」というような企業は、新しいことをやっても、だいたい成功するでしょう。

ただ、基本的に、コンセプトというか、考え方が、あまり本業とずれているものは駄目です。本業の延長上にあるものでないと、やはり難しいのです。

したがって、私は、原則、無軌道《むきどう》な多角化には反対です。失敗します。人は、あまり、やり慣れていないことをやると失敗するのです。それができるのであれば、何でもできることになってしまいます。

以前、ある鉄鋼会社は、工場の跡地《あとち》でウナギの養殖《ようしょく》をしましたが、やはり、うまくいきませんでした。鉄鋼をつくるのと、ウナギの養殖をするのとでは、あまりにも文化が違いすぎます。

「土地が空いたし、溶鉱炉《ようこうろ》があるから、熱いお湯が出せる。ウナギの養殖ぐらい、できるだろう」と思ったとしても、そこの社員は、ウナギの養殖をするために就職した人ではないので、水産業のほうから人を呼ばなければいけません。仕事の中身が全然違うのです。

そのように、まったくの素人考《しろうと》えで思いついたアイデアでやっても、できないものはできないのです。

似ているものなら多少はできるでしょう。ある程度、考え方が似ている業種なら進出できます。しかし、まったく違う業種に進出することは厳しいでしょう。

例えば、幸福の科学のように、「物ではなくて心が大事ですよ」と説くところで、「物づくりに大いに励《はげ》む」ということは、やはり無理でしょう。心に関連した物をつくるぐらいであればできるでしょうが、物をつくることが主体になると、コンセプトが違うので、やはり厳しいでしょう。そのようなものです。

今後も基本的にはデフレが続くので、「新しいところに活路を開きたい」というのは、誰《だれ》もがすぐに思いつくことです。しかし、それは、だいたい、本業のほうの経営責任を投げ捨て、環境《かんきょう》のせいにして、「別なものなら、いけるのではないか」という思いでやることが多いので、失敗する可能性は高いと見てよいのです。

## 中国進出のリスクと今後の見通し

それから、中国への進出においては、カントリーリスクそのものはあるでしょう。それはあると思います。

そういうところに出ると儲かるかもしれませんが、政治的に体制が変われば、全部、召《め》し上げられる可能性があります。工場をつくっても、それが、全部、国営企業にされてしまう可能性だってあるのです。

したがって、「全部取られてもかまわない」という腹づもりでいて、「それでも利益のほうが優先する」と思うならば、出ることができます。しかし、「もし取られたら潰れる」という会社は、出るのをやめたほうがよいのです。

中国の市場化は、基本的には問題はあるのです。中国は一党独裁の全体主義なので、中国の市場経済は、ある程度まで行ったとしても、絶対に破綻します。そのため、必ず、「どちらを取るか」という踏《ふ》み絵になるのです。「市場経済と全体主義のどちらを取るか」ということです。

市場経済は一党独裁の全体主義とは合わないのです。全体主義と合うのは、やはり配給制です。全体主義には、「国が定価の管理までする」というぐらいのやり方が、いちばん合います。要するに、軍事下の統制経済がいちばん合っているのです。

したがって、市場経済を推進されたら、全体主義は危なくなります。

中国も、今までは、「会社をつくったりする人は共産党員になれない」という方針でした。ところが、最近、そういう人たちが、だいぶ儲かっているため、党のほうも、「そういう人を取り込《こ》まなければいけない」と考え、例えば、儲かっているコンピュータ会社の社長などを、党員として取り込んだり、党の幹部に取り立てたりしようとしています。

しかし、そうされることは、「統制経済に組み込まれる」ということなので、事業が寂《さび》れることを意味しています。「儲かっているようだから」ということで、共産党に取り込まれたら、その事業は潰れるというスタイルになります。恐《おそ》ろしいことです。

もし、それがうまくいくのであれば、中国が吸収した香港《ホンコン》は繁栄《はんえい》が続くはずです。しかし、吸収された香港は弱ってきています。台湾《たいわん》も、中国に吸収されれば、同じく、経済的繁栄はどんどん失われるはずです。それは、考え方が違うからです。

「違う価値観を持ったものが競争して、強いものが生き残り、弱いものが淘汰《とうた》される」というのが市場経済です。一党独裁型の考え方には、そもそも、そういう比較衡量《ひかくこうりょう》がないので、市場経済のできようがないわけです。

したがって、基本的には、全体主義と市場経済の両立は厳しいのです。そのため、政治と経済のどちらが勝つかの戦いは続くでしょう。

中国では、農村部に七億人いるので、まだ政治体制は引っ繰《く》り返らないでしょう。しかし、経済の自由性のほうが、もっと広がってきたら、どうなるか分かりません。そういう政治的なリスクは、当然、生まれてくるでしょう。

中国のやり方は、理論的に間違っているので、最後までは、もたないのです。市場経済の利益を得る人が五割を超《こ》えたときに、政治的には転覆《てんぷく》する可能性があります。政治体制が変わらないと、もたないでしょう。

現在は、「都市部に六億人、農村部に七億人」ということであり、農村部は戦前の日本と変わらないので、農村部を主体にした共産党は、今のところ崩《くず》れません。

しかし、全体が市場経済型になってきたときには、それが引っ繰り返ります。そういう市場経済化のシェアが五割を超えたときに危なくなります。今の一党独裁型は絶対もたないのです。

基本的に一党独裁型には経済を殺す効果しかありません。そこでは統制経済しかありえないのです。だから、潰れるのです。

中国は、いずれ政治と経済のどちらかの首が絞《し》まることになります。どちらが勝つかは歴史が証明するでしょう。あと十年か二十年で結果は出るでしょう。

ただ、基本的な流れとしては政治のほうが負けると私は思います。

# 第3章　社長学入門

## ——経営トップのあるべき姿とは

## 1 社長は〝自家発電〟ができなければならない

### 社長はエネルギーの供給源である

本章では、「社長学入門」と題して、経営者や、その下で経営者を支えている経営管理者、また、そういう人になろうと志している人にとって参考になる話をしたいと考えます。

「社長学」というものは非常に多岐《たき》にわたりますが、主として宗教の側から見るならば、やはり、人物論や精神的態度を中心にしたものになるでしょう。

そこで、技術的なことにはあまり深入りせず、宗教的な立場から許される範囲《はんい》での「社長学入門」の話をしていきたいと思います。

社長に心掛《こころが》けてほしいこととして、最初に述べておきたいことは、「社長は〝自家発電〟ができる人でなければいけない」ということです。

世の中には、東京電力や中部電力など、いろいろな電力会社があって、各家庭まで電力を送ってくれていますが、そのように、「他から電力の供給を受けて、スイッチを入れたら電灯がついた」というようなものでは駄目《だめ》なのです。

社長は自家発電ができなければいけません。東京電力や中部電力のように大規模なものではないかもしれませんが、自らが〝電力〟の供給源でなければ駄目なのです。

「電力を送ってもらって、スイッチをひねれば電灯がつく」というのは、従業員のほうの立場です。「やる気を出す」ということにおいても、「上司からハッパをかけられて、やる気を出す。指示を出されて、やる気を出す。目標を出されて、

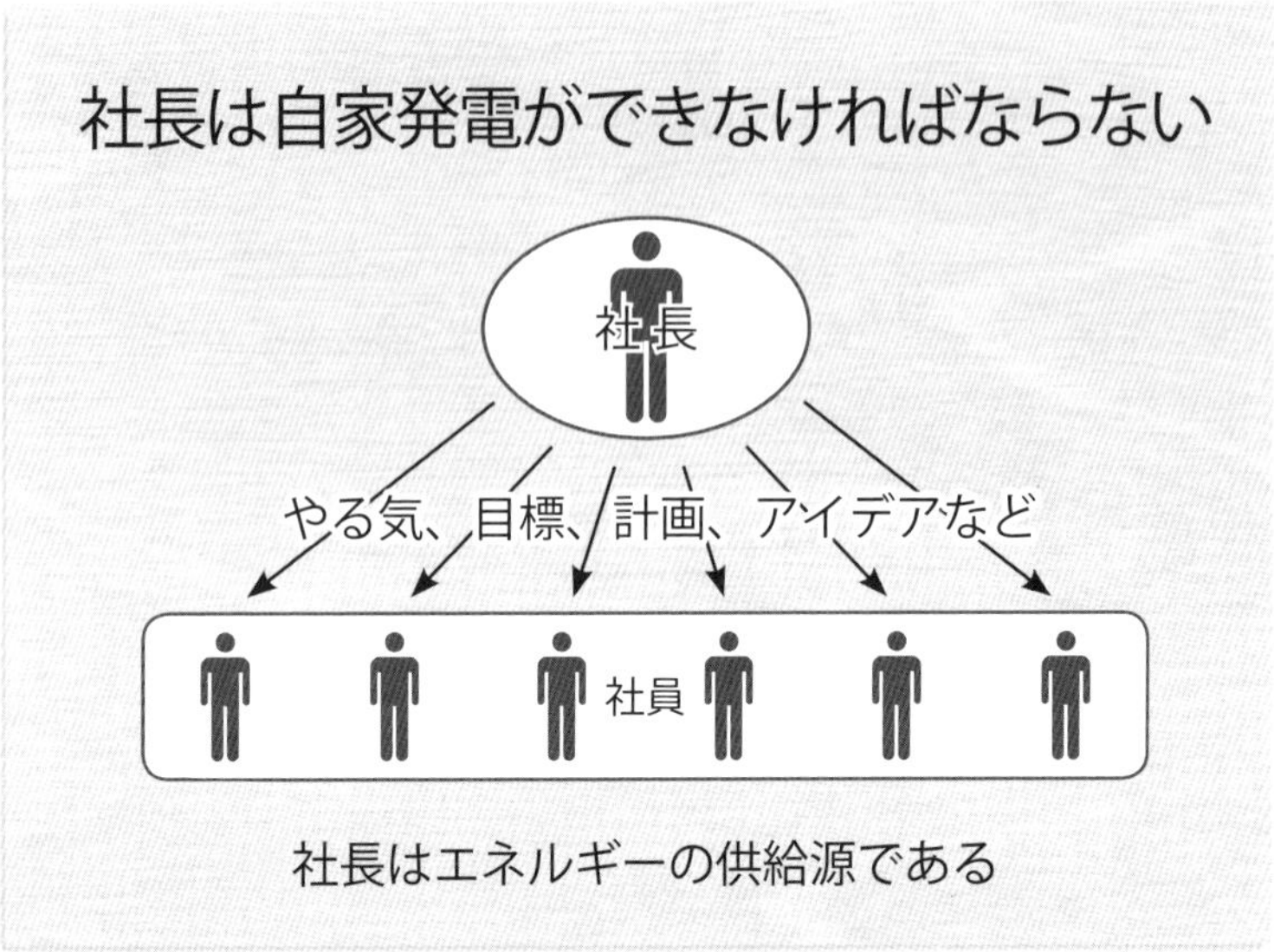
社長は自家発電ができなければならない
社長
やる気、目標、計画、アイデアなど
社員
社長はエネルギーの供給源である

やる気を出す」というのは、すべて従業員のほうの立場なのです。

社長には、誰《だれ》が目標をくれるでしょうか。誰が「頑張《がんば》れ」と言ってくれるでしょうか。そういうことは、普通《ふつう》は誰も言ってくれません。

もちろん、数多くの株主がいるような大会社であれば、大きな赤字を出したり、何期も続けて赤字を出したりしたら、社長の責任問題が浮上《ふじょう》して、株主総会で退陣《たいじん》要求が出されたりすることは当然あります。

ただ、一般的《いっぱんてき》には、「どのような仕事をするか」ということは、トップ自身の考えの範囲内なのです。

目標や、「新規に何をやるか」「どこまでやるか」「どの程度やるか」という指示は、上が出すものです。つまり、社長は〝供給源〟でなければいけないのです。「企業《きぎょう》の大小を問わず、経営者、社長というものは、すべからく、〝自家発電〟ができなければ駄目なのだ」ということを知ってください。まず、これを念頭に置いていただきたいのです。

たとえ社員が十人であっても、社長は社長です。もちろん、社員からの突《つ》き上げがある場合もあるでしょうが、やはりエネルギーの供給源は社長自身なのです。「社長である自分が、やる気を出し、タービンを回して発電しなければ、社員がやる気になることはないのだ」ということを知らなければいけません。上にやる気がないのに、どうして下が、安い給料でそんなに頑張るでしょうか。

そういう意味で、従業員規模が、十人であろうと、百人であろうと、千人であろうと、一万人であろうと、上に立つ者の心掛けとしては、「他から電力の供給を受けているようでは駄目であり、自らが発電し、電力を供給しなければいけない」ということです。自分がタービンを回さなければいけないのであって、「誰かの命令を受けて回す」などということはないのです。「常に自ら夕ービンを回し、発電し続ける意欲がなければ、トップは務まらない」ということです。

自ら発電する意欲のない人は、要するに、外部環境的《かんきょうてき》に、赤字になったり、借金を背負ったりしたときにだけ頑張るような感じになるのでしょうが、あまり優秀《ゆうしゅう》とは言えません。

その意味で、自家発電をする気持ちがなくなった人は、進退問題が近いと思わなければいけないでしょう。

## 〝自家発電〟の気持ちは部長や課長にも必要である

「社長一人の問題である」ということを述べましたが、大きな企業になると、それだけではない面もあります。もちろん、社長には、「自家発電をしなければいけない」という思いが必要ですが、大きな会社になると、部署がたくさんあり、それぞれに部長や課長などがいるわけです。

そこで、部長は部長で、「この部で自家発電をしているのは自分だ」と思わなくてはなりません。「部長の自分が発電しなければ、この部は駄目になる」という気持ちを持っていなければいけないのです。

課長も同じです。課員が十名か二十名ぐらいいたとして、課長が怠《なま》け者であったなら、部下たちがやる気になることはないでしょう。

その意味で、トップに立つ者、上に立つ者は、すべからく、「自家発電をしなければならない」という気持ちを持つことが必要です。「電流が送られてきたときにだけ頑張る」ということでは駄目なのです。

社長は、もちろん電力を供給しているわけですが、部長も、「社長から指示が出ないかぎり動かない。電力が流れてくるのをじっと待っている」ということでは駄目ですし、課長も、「部長から言われなければ何もしない」ということでは駄目です。そういうことでは、会社が傾《かたむ》いていきます。やはり、「自家発電ができなければ駄目なのだ」と思わなければいけません。

## 2　社長は会社のすべてについて責任を負う

### 社長としての責任は、辛《つら》くもあるが生きがいでもある

　このように、企業《きぎょう》の規模によっては、責任ある立場がもう少し分かれることもありますが、小さな会社、中小企業であれば、社長一人の責任でしょう。

　これは、辛《つら》いことではありますが、別の意味においては、生きがいのあることでもあるのです。「自分の裁量で事業を展開できる」ということは、素晴らしいことです。「誰《だれ》かから指示を受けてやるのではなく、自分で考えてやれる」というのは、すごいことなのです。

その意味では、小なりといえども、社長というのは偉《えら》いのです。そう簡単に、ほかの人ができるものではありません。よその会社から来て、いきなり社長ができるかといえば、できるものではないのです。その会社の社長には、すべての仕事をつくり上げてきた実績があり、そのすべての仕事を知っているという面があるからです。

会社ではありませんが、私にも、幸福の科学グループの運営をやってきて、同じような問題はありました。私にも「先生」はいなかったのです。

宗教家というものは、若いうちから誰か師匠《ししょう》に就《つ》いて勉強し、師匠が亡《な》くなったら、跡《あと》を継《つ》ぐのが普通《ふつう》なのですが、私には先生がいませんでした。ある意味で、それは辛いことなのかもしれませんが、私がそのようなことを考えたことはほとんどなく、「先生がいないのは当然」という感じでした。

そのため、失敗したり、何かうまくいかないことを経験したりして、考えを改めることがありました。いろいろな事件を経験したり、いろいろな現象を見たりしながら、反省して、やり方を変えることもあり、そういう意味で後手に回った面はあったかもしれません。自分が知っていることについては先手を打てるけれども、知らないことについては後手になったこともあったと思います。

しかし、私は、「自分が発信したものについて、起きた結果を見て自己判定をし、やり方を改めていく。考え直していく」ということを、何度も何度も繰《く》り返してきました。

同様のことは経営者にも言えるのではないかと思います。自分で考え、発案し、実行したことは、その結果に対して責任が生じます。その責任を受けて立たなければいけないのです。

## 「すべては自分の責任だ」と思えばこそ、部下に要望が出せる

そういう意味で、社長が、「すべては私一人の責任だ」と思っているからこそ、部下に対して、「かくあるべし」という要望ができるわけです。

上が責任を取らずに、下に対してだけ、「おまえたちがやれ」と言うのであれば、社員たちは、みな、社長が見ているところだけでは一生懸命《いっしょうけんめい》にやり、それ以外のところでは手を抜《ぬ》くようになります。それは当然でしょう。

上一人の責任ということになると、社長には、自分が直接にはやっていないことに対しても責任が来るわけなので、これは大変です。自分が見ていないことにも責任があると思っていればこそ、部下に対して要望をするわけです。

社長は、役員を集めたり、部長を集めたりして、「このようにしてほしいのだ」と要望を出さなければいけません。これをしないと、責任だけが自分に来ます。

「自分だったら、こうする」と思うことがあれば、「こうしてほしいのだ」という要望を出さなければいけないのです。

要望を出さなかったならば、社長が望んでいるようにできなくても、しかたがないでしょう。しかし、「要望を出さなかったため、できなかったが、責任だけを自分が取る」というのは、ばかばかしいことです。

「自分ならば、こうしたい」という気持ちがあっても、実際の仕事は、他人の手を通じて行われるので、要望をしなければいけません。

そのように、「責任を取る」という立場であるからこそ、要望をすることができるのです。部長でもそうです。部長が、「部の責任を取ろう」と思うからこそ、課長なり主任なり、下の者に対して、「こういうふうにしてほしい」と要望を出せるわけです。

上司の要望を聞いた部下のほうは、「あの上司は責任を取ろうとしているから、仕事について、こういう厳しい指示や要求、目標が出ているのだ」と思います。「上司は、自分の責任だと考えているから、こういう要望を出しているのだ」と思えば、部下は、それに応《こた》えなければいけないと思うわけです。

ところが、上司が責任逃《のが》れをするために「おまえがやれ」と部下に言っているように感じたら、部下のほうは、やっていられないでしょう。「私のほうを部長にしてもらわないと、そんな仕事はできませんよ」と思うことになります。

その意味で、部下をよりよく使うためにも、上の立場にある者、すなわち、社長、経営者、経営管理者、経営担当者などは、まず、「自分に責任があるのだ」と考えなくてはなりません。

部下にやる気を起こさせるように〝発電〟するのは、上司である自分なのです。それが、自分の発案であり、自分が出している掛《か》け声であり、目標であるのです。「自分が責任を取らなければいけないのだ」と思えばこそ、その熱意が要望となって具体化し、下に降りていくわけですし、それに対して部下は応えてくれるようになるのです。

上司が、責任を取る気がまったくなくて、ただ要望だけを出し、「事なかれ主義」で逃《に》げようとするならば、部下も、そんなに真剣《しんけん》にやるはずはありません。

もし、部長が、「社長に怒《おこ》られたけれども、自分だけでそれを抱《かか》えているのは嫌《いや》だから、部下を怒《おこ》って憂《う》さを晴らす」というようなことをしていたら、部下のほうも、さらにその下の者に対して同じことをするようになるだけです。結局、「自分さえ何とか責任逃れができればよい」という感じになります。

ここが微妙《びみょう》なところなのです。

## トップは、自分が見ていないことにも責任を負わねばならない

大企業でも、不祥事《ふしょうじ》などが起きたら、トップは、すぐに記者会見をして頭を下

げ、辞任したりします。しかし、トップ自身がその仕事を実際に見ていたわけではないことぐらい、みな知っています。従業員が五千人や一万人、あるいは何万人もいる会社において、社長が、工場で起きた不手際《ふてぎわ》などを知っていたり、現場がいろいろとごまかしているようなことを、逐一《ちくいち》、見たりしているわけではないことは分かっているのです。

社長としては、記者会見において、「これは、○○工場の工場長が着任してから起きたことであり、彼個人の問題です」と言いたいのはやまやまなのですが、それを言ったら、マスコミも報道を見た人も絶対に許さないでしょう。

そして、「何を言っているのだ。少なくとも、おたくの会社名が付いているだろう。おたくの会社で出している商品だろう。社長が自分で物をつくっていないことぐらいは分かっている。しかし、会社の名前でやった仕事だろう。会社の商標でやっている仕事だろう。それに対しては、トップのあなたに責任があるのは当たり前だ。自分が見ていないことにも責任を取るために、社長として高給をもらい、社会的地位もあって尊敬されているのだろう」と言われます。

「現場の責任です」と言って逃げたいのはやまやまでしょうが、それを言って許されることはありません。それを言うと、今度は社長だけの責任では済まなくなって、企業全体の責任まで問われてくることがあります。

そういう企業全体の責任を逃《のが》れるためにトップが頭を下げるわけです。トップが潔《いさぎよ》く引退して若返りを図るなどし、経営をバトンタッチすることで、だいたい落着するケースが多いのです。

## トップのクビが飛ぶと思えば、下も引き締《し》まる

事件を起こした現場の人たちも、トップが知っているはずがないことは分かっているので、「自分たちが手抜《てぬ》きをして事故や事件を起こしたら、トップが辞《や》め

なければいけなくなる」と思えば、「これは大変なことだ」と考えて、非常に気が引き締《し》まります。

例えば、工場の工員のなかに、前の晩に少し酒を飲みすぎたためにボーッとしている人がいたとしましょう。その人が自動車を組み立てるときに、ボルトを付け忘れたり、ナットが緩《ゆる》んでいるままにして、その結果、その自動車が死亡事故を起こすこともあります。

その事故があまりに大きなものだった場合には、当然、上まで責任は来ます。下の人の個人としての気の緩みから、前の晩に飲みすぎて調子が悪かったために、事故の原因をつくったのかもしれませんが、たとえボルト一本であっても、会社側に責任があって起きた事故であれば、トップまで責任を追及《ついきゅう》されるのが普通のあり方です。

もちろん、五人や十人、二十人ぐらいの小さな会社であれば、「社長が見ている範囲内《はんいない》で、すべてが行われている」ということはあります。それでも、社長が営業などで外出している間に従業員がサボったりすることもあるので、全部が見えているかどうかは分かりません。

しかし、少なくとも、責任逃れをしようとする人が上にいると、下にもそういう傾向《けいこう》が出てくることを知らなければいけないのです。

上が、常に「責任を取ろう」と思っている場合や、下から見て、「上の人は必ず責任を取るだろうな」と思える場合には、上がいようが、いまいが、下はサボれなくなります。「自分が、この工事で手抜きをしたら、その結果、社長のクビが飛ぶだろうな」と思ったら、社長が見回りに来るわけではなくても、やはり手を抜けなくなるものです。そういう緊張感《きんちょうかん》というか、お互《たが》いに影響《えいきょう》し合う関係、打てば響《ひび》くような関係が、非常に大事なのです。

したがって、元をただせば、やはりトップの問題です。社長が、「自分一人の責任である」と考え、〝電力〟の供給をしなければいけないのです。社長は、「発案、計画、目標は、自分が出すものであり、その結果に対しては、自分が直接に見ていないものについても責任は来るのだ」と考えることです。「気がつかなかった」ということでは済まないのです。

## 人事における任命責任

この意味で、社長学においては、「人事」というものが非常に重要です。自分が直接にはできない仕事を行って、会社を運営していかなければならないので、少なくとも、「どういう人を、そのポストに就けるか」という人事が非常に大事になります。

ある人をその立場に就けた以上、その人の下《もと》で失敗が生じたり、うまくいかなくなったりした場合には、任命した人にも責任はあります。任命された人だけの責任ではなく、任命権者のほうにも責任はあるのです。少なくとも、うまくいっていないことが分かったのに、その段階で、その人をそのまま放置しておいたのならば、それは、任命した人のほうに責任があります。

その意味では、実に辛いことであり、社長が、高い報酬《ほうしゅう》をもらったり、世間から尊敬されたりすることには、それだけの理由があるわけです。

物理的に労働時間を何倍にも増やすわけにはいきませんが、責任の重さ、あるいは仕事の重要さのところが違《ちが》ってくるのです。

「社長として、どの程度の責任を背負えるか」ということが会社の規模になっていきます。「どの程度まで規模が拡大するか」ということは、そこに関係しているのです。

以上、「社長は自家発電をしなければいけない」ということ、それから、「『すべての責任が自分にかかってくる』ということを強く自覚せよ」ということを述べました。

部下だけの問題にして自分の責任にしない人は、会社を発展させることができませんが、そういう人は、また、会社の外に責任を求めようとします。必ず外部の経営環境《かんきょう》のせいにします。「景気が悪い」「国の方針が悪い」「外国が悪い」「ライバル会社がこういう状況《じょうきょう》だから、うちが負けたのだ」など、必ず外の責任にするのです。

しかし、そういうことをしているかぎり、発展の可能性はないと思わなければいけません。

# 3

# 失敗は最高の〝先生〟である

## 限界突破《とっぱ》をしようとすれば失敗は必ず生じる

失敗自体は、そう悪いことではありません。失敗は、成功するために、どうしても必要なものなのです。人間は、失敗して初めて、成功への道が開けます。

単に成功が続いているうちは、本当は、まだ限界いっぱいまでやっていないのです。その人の能力の範囲内《はんいない》でやっていて、限界まで来ていない場合には、成功状態が続くこともありますが、限界突破《とっぱ》をしようとしたら、必ず失敗が生じます。

しかし、それで負けては駄目《だめ》なのです。

失敗を最大の〝教師〟として、あるいは、それをヒントとして、「自分は何をしなければならないのか」「どこが違《ちが》っていたのか」「どんな手を打たなければならなかったのか」ということを考えなければいけません。

失敗は最高の〝先生〟なのです。

成功のほうは、それほど〝先生〟にはならないことが多いのです。成功しているときは自己肯定《こうてい》だけになりがちです。「うまくいったのは、俺《おれ》が仕事のできる人間だからだ」「俺の頭が良いからだ」「俺に才能があるからだ」「この商売が時流に乗ったからだ」などということはあるかもしれませんが、あまり参考にはなりません。

しかし、失敗は〝先生〟になります。失敗をすると、人は考え込《こ》みます。考えに考えます。これが大事なのです。

もし、「自分は成功以外にはしたことがない」という人がいたら、おそらく、その人は能力いっぱいまで働いていないと言ってよいでしょう。

例えば、部長をする能力のある人が主任や課長をやっていたら、失敗はあまりしないかもしれませんが、本人にとっても会社にとっても宝の持ち腐《ぐさ》れでしょう。「部長を張れる人が主任をやっている」「役員をやれる人が課長でとどまっている」などというのは、もったいないことです。あるいは、「役員をやれる人が課長でとどまっている」という場合も、上に見る目がありませんし、本人自身も自分を生かしているとは言えません。

「失敗はない」という人は、「自分は、能力いっぱいまでやっていないのではないか。能力の限界を突破しようと思っていないのではないか」「保身に走ってはいないか。事なかれ主義で、『失敗さえしなければ昇進《しょうしん》できる』と思ってはいないか」ということを、自分にも問わなければいけませんし、組織の上層部にも、そういう問いかけがなされなければいけません。

トップである社長が失敗をしないような会社は、伸《の》びない会社でもあるのです。

ベンチャー企業《きぎょう》のようなところには失敗は付きものです。新しい業態をつくっていこう、新しい業種に進出していこうとする場合、失敗は付きものであり、絶対と言ってよいほど失敗をします。それを恐《おそ》れている人は、新しいところには進出できないのです。

失敗を恐れる人は、今までのスタイルをずっと守るかたちの仕事しかできないので、大きくなることもなければ、新分野で活躍《かつやく》することもありません。「失敗を恐れた人には、それ以上の成功はないのだ」ということです。

## 現状に安住せず、企業《きぎょう》の体力の範囲内《はんいない》でチャレンジしていく

トップも失敗を恐れてはいけません。ただ、その失敗が、企業体《きぎょうたい》の体力の範囲《はんい》内《ない》で乗り越《こ》えられるものであってほしいのです。乗り越えられないほどの失敗をしたら、それで終わりになることは当然あります。

組織体力のうちの一割か二割か三割か、「どこまでの失敗に耐《た》えられるか」というラインはあるでしょう。失敗は、もちろん、組織が耐えられる範囲内にしなければいけません。一か八《ばち》かで、全滅《ぜんめつ》も覚悟《かくご》でやるようなことは、一生に一回ぐらいはあるかもしれませんが、毎年毎年、「全滅するかもしれない」というような勝負ばかりするのは博打《ばくち》であり、やりすぎです。

そこまでしてはいけませんが、組織の体力の範囲内で、「この程度は失敗するかもしれないけれども、チャレンジしなければいけない」という場合はあるのです。そういうときにチャレンジをしない人は保身に走っていると言わざるをえません。

「失敗したことがない」と言っている人は、自慢《じまん》をしているのかもしれませんし、周りからも、そのように認められているのかもしれませんが、人の使い方としては問題があるように思われます。

積極的に攻《せ》めていく人は必ず失敗をします。それをよく分かっていて、「向こう脛《ずね》の傷は問わない」という言い方をする人もいますが、攻めていく人は必ず失敗をするのです。

何もしない人は失敗をしません。しかし、何もしない人ばかりがたくさん出てきた場合には、組織は必ず停滞《ていたい》し、やがて死んでいきます。

経営というものは必ず安定を求めます。乱気流のなかをフラフラと走りながら安定を求めるものなのです。ただ、安定はよいのですが、そのあと、安住しては駄目です。安住は停滞や衰退《すいたい》につながっていくからです。

安定を図ることは大事ですが、安住してはいけないのです。「安定した」と思ったならば、次のチャレンジを考えていかなければなりません。「どうやって、これを破っていくか」ということを考えなければいけないのです。安定に入ったら、次に、小さな不安定をつくり出して、組織の新たな緊張《きんちょう》なり、やる気なりを引き出していかなければ、やがて、現状維持《いじ》さえも難しい状況《じょうきょう》になります。

「戦って戦って、やっと現状維持ができる」というのが、今の厳しい世相のなかにおける、あるべき姿ではないかと思います。常に、そういう気持ちを持たなければいけません。

# 4

# 経営理念が企業《きぎょう》の発展・繁栄《はんえい》をもたらす

## 経営理念をつくらなければ会社は大きくならない

経営環境《かんきょう》自体が、不況《ふきょう》で倒産《とうさん》企業《きぎょう》が増えるような状況《じょうきょう》になると、臆病《おくびょう》になるのは人の常です。「誰《だれ》もが臆病になってきて、新しいチャレンジができない」ということがあります。

会社を創業するときには勇気があったはずですが、ある程度、会社が大きくなると、保身が働き、安定を求めて、だんだん現状維持《いじ》になっていき、勇気がなくなってくるのです。

そのようになっていく感じは分かります。自分の見える範囲《はんい》以上に仕事が広がっていき、いろいろな人が働いているので、「自分が何かを言っても言わなくても、あまり変わらない」という感じが出てきたりします。また、「責任を取りたくない」と考える人も増えてきます。

しかし、勇気がなくなってきたときには、社長たるもの、ここで、もう一回、考えを練らなければいけません。

最初は、「自分の好きなことをして、自分や家族が食べていくことができ、従業員がおなかいっぱい食べられればよい」という程度の志で会社を始めたのかもしれませんが、一定の規模にまで大きくなってきたら、やはり、それだけでは足りません。

「なぜ、わが社が発展・繁栄《はんえい》しなければならないのか」という、この正当性を打ち出さなければ駄目《だめ》なのです。

それは、前述したように、経営者に対しては他人は教えてくれないからです。「他人が教えてくれない」ということは、「自分の頭で考えなくてはならない」ということです。従業員にアンケートを取っても駄目です。やはり、社長は、苦しんで自分で考えなければいけません。

「なぜ、わが社が社員十人の会社から五十人の会社にならなければいけないのか」「売り上げ目標を『年商百億円突破《とっぱ》』と掲《かか》げているが、なぜ、わが社が年商百億円を突破しなければいけないのか」ということ、その目標の奥《おく》にある意味を考え抜《ぬ》かなければいけないのです。

これは「経営理念」といわれるものですが、中小企業では、なかなか経営理念を立てられません。たいていの場合、中小企業の社長は、「自分一人で経営をしている」と思っていますし、経営理念は自分の「反省ノート」のようなものであり、他人に見られると恥《は》ずかしいので、なかなか言葉に出して語れないものだか

## 経営理念を考えよ

（例）

- なぜ、社員十人から五十人の会社にならなければいけないのか
- なぜ、年商百億円を突破しなければいけないのか
- わが社は何のためにあるのか
- わが社の発展は何につながるのか。何が目的なのか

経営理念を練る際には、虚栄心や虚飾、うぬぼれの心などが入っていないか、よく点検することも必要

らです。

しかし、経営理念をつくらなければ会社は大きくはなりません。

自分一人の納得だけで済ませている間は、会社は大きくならないので、考えに考えて経営理念をつくらなければいけないのです。

「わが社は何のためにあるのか」「わが社の発展は、いったい何につながるのか。何が目的なのか」という理想、経営理念を、練り上げてつくらなければいけないわけです。

ところが、中小企業の社長の場合、「そんなものは要《い》らない」と言う人がほとんどです。「仕入れができて、売り上げが立てば、それで十分だ」「借金よりも利益が多ければよいのだ。それで終わりだ」と言う人が多いのですが、小なりとはいえ、社員が二十人、三十人、五十人と集《つど》ってきたら、その人たちにも働く上での生きがいがなければなりません。

会社を発展させていくためには、道を開く勇気が必要です。そのもとになるものは何であるかというと、この経営理念なのです。

## 経営理念を立てると、「正しさ」が立ち上がってくる

経営理念を立て、それを繰《く》り返し述べて社員たちに理解させ、「わが社は、この理念を実現するために頑張《がんば》っているのだ」ということを教え込《こ》めたら、そこに「正しさ」というものが立ち上がってきます。

この「正しさ」というものを、みなが意識したときに、勇気が出てくるのです。

例えば、「わが社は環境問題の解決を図る」という経営理念を立てたとします。「環境をどのようによくしていくか」ということを経営理念として掲げたならば、それを繰り返し述べて社員に理解してもらう必要があります。

そして、「環境問題を解決するための技術開発をすることが、わが社の理念なのだ」ということであれば、「わが社の決算書が、とりあえず赤字から黒字になればよい」というような、小さな目標で済まなくなってくるでしょう。

環境を護《まも》るための技術について、「今は、これをやっているけれども、ほかにも、こういう技術があり、それも必要である」ということになってきます。

環境問題には、空気もあれば水もあり、土もあります。また、住環境もありま す。いろいろなところで環境問題は出てきます。そこで、「環境問題の解決」という理念を出したら、それに関連してやらなければならない仕事が、ほかにもたくさん出てくるわけです。

これが、会社が発展していく方向なのです。

そのような経営理念を立てると、「わが社の売り上げは、今の五十億円から百億円にならなければいけない。そして、百億円の次は三百億円に伸《の》ばしていきたい」と社長が言っていることを、みなが納得するわけです。「そうだ。わが社が大きくならないと、日本の環境がよくならない」と思うようになります。

例えば、ある工場から出ている排水《はいすい》を検査し、浄化《じょうか》する仕事をしている会社があるとして、その工場排水だけを浄化したら、それで終わりかといえば、そんなことはありません。

「全国的に工場排水の浄化をしていきたい」ということになれば、会社が発展せざるをえなくなります。会社が大きくなっていかなければ、そうした技術を全国に広げることはできないからです。

一例を挙げれば、そういうことがあります。

このように、経営理念を打ち出すと、そこに「正しさ」というものが立ち上がってくるのです。

## 「正しさ」が立ち上がると、発展を目指す勇気が出てくる

この「正しさ」が立ち上がってくると、人間は強くなります。勇気が出てきます。一歩を踏《ふ》み出す勇気、拡張する勇気が出てくるのです。

社長から単に「年商五十億円を百億円に」という目標が出ても、下の人たちは、「社長は無茶苦茶なことを言うなあ」と思うだけですが、例えば、「日本の環境問題を解決するためには、わが社は、五十億円から百億円に、百億円から三百億円に、さらには、一千億円、一兆円企業になってもおかしくないのだ」と社長が言えば、社員たちも、「それは、もっともである。その程度まで広がらなければ、

日本全国の環境問題は解決しない」と思います。そして、会社の発展を目指すようになり、営業部門の人にも力が入ってきます。

「これは、わが社だけの問題ではない。『日本のため』という大義名分《たいぎめいぶん》があるのだ。わが社の環境保全技術を日本中に広げたら、次は世界に出ていかなければならないのだ」ということになります。

「中国は公害がひどいし、東南アジアもひどいようだ。アフリカは後れて発展してくるだろうが、これからが大変だろう。そういう国にも手を打っていかなければならない。海外にも仕事はまだまだあるのだ。日本国内で苦労しているようでは、海外まで広げることはできないだろう。しかし、地球環境の汚染《おせん》は進んでいるから、頑張って早く大きくならなければいけない」と思っていれば、技術陣《じん》も頑張りますし、営業部門のほうも頑張ります。

そして、国内だけで仕事をすればよいと思っていた人たちが、「英語を勉強して、海外にも環境保全技術を広げなければいけない」「中国の工場は公害を垂れ流し状態で、大気汚染もひどく、酸性雨で大変なことになっている。一刻も早く、わが社の技術を輸出しなければ駄目だ」というような話になってきます。

こういうかたちで事業が拡大していくのです。

## 経営理念のなかに「私利私欲」があってはならない

このように、事業を押《お》し広げていくためには「勇気」が必要ですが、勇気のもとになるものは何かといえば、それは「正しさ」であり、正しさのもとになるものは、ここで述べたとおり、「経営理念」なのです。経営理念を立てなければ、正しさというものが立ってこないのです。

「何のためにやっているのか」という経営理念のところは、よくよく考えておかなければいけません。それが、社長一個人の私利私欲、自我我欲に発するものであったなら、多くの人たちがそれに惹《ひ》きつけられ、勇気が出たりすることはありません。

この経営理念を練る際には、「自分の私利私欲のためでないかどうか」ということを、よくよく考えなければいけません。

「私的な欲望のためにやっているのではないのか。いや、そんなことはない。公的な欲望のためなのだ」というように、そちらのほうへ考えを持っていかなければ大きくはならないのです。

ただ、公的な欲望のなかにも〝紛《まが》い物〟が入ることはあります。「公《おおやけ》の仕事である」と思いつつも、そのなかに経営者としての虚栄心《きょえいしん》や虚飾《きょしょく》、うぬぼれの心などが入っていることはあります。

そのため、この公的な欲望も、もう一段、透明感《とうめいかん》のある素直な目でもって見ていかないと、間違《まちが》いが出ることは当然あります。

これは、「無私」というよりは、仏教が昔から説いている「無我《むが》」の境地でしょう。

自我が強く、「俺《おれ》が、俺が」「私が、私が」という気持ちが強いと、目が曇《くも》ってきて、「自分の利益になるかどうか」ということでしか、世の中のものごとが見えなくなります。

他の人を見ても、その人の姿がありのままに見えるのではなくて、「自分にとって都合が良いかどうか」でしか見えません。他社の商売を見ても、世間を見ても、そのような見方をするのですが、そういうことであってはいけないのです。

仏教では、無我という境地を説きます。無我の境地になってくると、「大円鏡《だいえんきょう》智《ち》」、すなわち、大きな鏡のような気持ちが出てくると言われていますが、大きな鏡に映し出すような気持ちで世間を見れば、間違いのない見方になってきます。

そういう意味で、公的な欲望のなかにも問題がないかどうかを見る必要があります。「わが社が発展することこそが世の中のためになる」と一生懸命《いっしょうけんめい》に言っていても、そのなかに、見栄《みえ》や偽善《ぎぜん》があるかもしれませんし、あるいは、もしかしたら欺瞞《ぎまん》や嘘《うそ》・偽《いつわ》りがあるかもしれません。

他社の技術のほうがずっと良いことを知っているにもかかわらず、「うちの会社の技術が一番だ」と言い続けていたならば、そこには虚偽《きょぎ》があります。

「ほかの会社のほうが優《すぐ》れている」「ほかの会社のほうが優れた製品を出している」と思ったら、素直に反省し、もっと良いものを出そうとしなければ駄目です。「わが社の技術が世界に広がることこそが理想である」と言いつつも、ほかに良いものが出たら、それを素直に認めなければいけません。

それを認めずに、「そんなことはない。わが社の製品が良いのだ」と言い張っているならば、そこには「我《が》」があります。そのように、公的欲望のなかにも我が入ることはあるのです。

そういうときに、組織体としては、「もっともっと、より良いものをつくっていく」という遺伝子をつくらなければなりません。

経営理念というものも、単なる自画自賛、自社自賛のものになってはいけないのです。そのなかに、常に発展していく要素を秘めたものでなければいけないと思います。常に自己研鑽《けんさん》をし、自己反省をして、もう一段、自分も周りも高めていこうとする気持ちを、そのなかに持たなければいけません。

単に広げるためだけの経営理念であってはいけないのです。経営理念のなかに、私的にも公的にも、無私、無我を貫《つらぬ》いて、さらに奥にあるものを実現しようとする気持ちがなければいけません。

## 最高の経営は最高の宗教と一致《いっち》する

それは、宗教を信仰《しんこう》している人であれば、「仏《ほとけ》の理想」であったり、「神の理想」であったりするでしょうし、宗教的なレベルまで行かない人であれば、「人類の理想」であったり、「人間への奉仕《ほうし》」や「幸福の追求」ということであったりするかもしれません。

そういう気持ちのなかに不純なものが入らないように、経営者たるものは、常に自分を見つめ、考えを改めていかなければならないのです。

以上、「自家発電の大切さ」「トップが一人で責任を取ることの大切さ」、さらには、「会社を大きくしたければ『勇気』が必要である。勇気のもとになるのは『正しさ』であり、正しさのもとになるのは『経営理念』である」ということを述べてきました。

自分一人でやっているうちは、それほど大きくなりませんが、多くの人を使って事業を大きく展開したいと思うなら、みなが〝帰依《きえ》〟するような経営理念が必要です。

経営理念の策定には時間をかけ、考えを煮詰《につ》めていくことが大事です。その経営理念のなかには、無私、無我を超《こ》えて、「宇宙の理想」と言うべきものを導入しておかなければ駄目なのです。最終的に、わが社だけのことを考えるようなものになってはならず、宇宙の理法の一端《いったん》を担《にな》っているつもりでやらなければいけません。

その意味で、最高の経営は最高の宗教と一致《いっち》してくるのです。宗教と変わらなくなってきます。宗教には帰依の対象が必要であり、帰依すべき対象として、本尊、あるいは経典《きょうてん》などがありますが、会社においてもそれはあるのです。会社において、宗教の基本的な教義に相当するものが経営理念であり、教祖に当たるものが社長なのです。

社長が書いたり語ったりしたものをまとめて、従業員が読めるようなかたちのものをつくれば、それは宗教の経典などに相当するわけです。

## 社長の分身としての経営幹部をつくる

口で語っただけでは消えていくので、やはり、企業の規模が大きくなったら、書いたものにして従業員の目に触《ふ》れるようにしていく必要があります。繰り返し見ることに堪《た》えるもの、あるいは繰り返し聴《き》くことに堪えるものを、つくり出していくことです。商品をつくるだけではなく、「考え方」をつくり出すことが大事になるのです。

社長の「考え方」が固まり、それを繰り返し出していると、役員や部長や課長なども、社長と同じように深いところまで落とし込んで理解し、それを下の者に解説して下ろしていくことができるようになります。

そういう意味で、経営理念をつくり、それを経営幹部たちに落とし込んでいくことができれば、会社はますます発展するのです。しかし、それができず、社長の一人仕事のレベルで終わっているならば、社長一人が見える範囲までで発展は終わります。

その範囲は社長の能力にもよります。「社長が一人で見ることのできる範囲が、十人なら十人まで、五十人なら五十人まで、百人なら百人までは大きくなる」ということです。稀《まれ》に三百人ぐらいまで見える人もいますが、やはり、一人の人間の能力には限界があります。

したがって、「会社を大きくしていく」ということは、「いかにして社長の分身をつくっていくか」ということとつながっています。社長の分身をつくるためには、「社長と同じような考えに基づいて判断できる経営幹部」をつくる必要があるのです。

そのためには、宗教の経典のように、「これに基づいて判断せよ」という、判断をするための根拠《こんきょ》を示さなければいけません。トップは、常々、自分の考え方を明らかにしていかなくてはならないのです。考え方を煮詰めて、それを提示し、理解してもらうことが大事です。これができなければ大きくはなりません。

一般《いっぱん》に、経営者には器用な人が多く、数人の小さな会社であろうと、十人の会社であろうと、五十人の会社であろうと、百人の会社であろうと、オーナー型の企業の場合、社長はだいたいオールマイティーです。それがオーナー型の企業の良い点であると同時に限界でもあるわけです。自分の能力の範囲までしか仕事ができないからです。

したがって、次になすべきことは、自分が直接に手を下さなくてもできるようにしていくことです。そのために、ここで述べたような経営理念をつくっていくことが大事なのです。

## 5　能力の限界との闘《たたか》い

### 急速に発展する企業《きぎょう》では人材の〝刃《は》こぼれ〟が起きる

企業《きぎょう》が発展していくときには、以前に役に立った人が、ある時点から役に立たなくなることがあります。残念なことですが、これは、しかたがないのです。人の能力には限界があるので、それを超《こ》えて企業が発展していったときには、どうしても能力的に落ちこぼれていく人が出てきます。

今後、そういうことを経験する企業も、おそらくあるでしょう。

発展の速度が速ければ速いほど、それについていけない人が増えてきて、人材の入れ替《か》えが必要になってきます。その時点その時点で、違《ちが》った能力を持つ人が必要になってくるので、その辺を見極《みきわ》めなければいけません。

例えば、あまりにもヒット商品が出すぎた場合、会社が予想外の規模に発展してしまうことがあります。時流に乗って、良い商品を出したら、非常によく売れて会社が発展したけれども、規模が拡大した場合の準備ができていなかったために、いろいろなところで〝刃《は》こぼれ〟が起きることがあるのです。

それで、結局、「売れすぎたために会社が倒産《とうさん》する」という、「黒字倒産」ということも現実には起こります。商品が売れることは、ありがたい話ではあるのですが、「そんなに売れるとは思わなかった」という場合には、備えがなかなか追いつかず、黒字倒産ということがありうるのです。

急速に発展している企業においては、人材の〝刃こぼれ〟が必ず起きてくるので、そのことを冷静に知っておかなければいけません。それを知らないと、どうしても経営に行き詰《づ》まりが生じてきます。

その際に情の問題が出てきます。「ほんの五年前には社長の片腕《かたうで》であった人が、使えない人になる」というようなことが起きてくるわけです。

これは、「会社が発展している」ということを意味するので、例えば、「日本中の環境《かんきょう》問題を解決する」というような経営理念、大義名分《たいぎめいぶん》があり、本当にそれを実現したいと考えているのであれば、もう一段高い能力を持った人を、上に引き上げるなり、新たに雇《やと》うなりしなければいけません。

そうしなければ、もう一段の発展をすることはできず、「日本中の環境問題を解決したいと言っていたのは嘘《うそ》だった」ということになってしまいます。

そういう大義名分というか、本当に正しい経営理念を持っていたならば、無私の心で人材の登用についての判断ができますが、経営理念がなく、「儲《もう》かったら、みんなで山分けしたらよい」というような、会社が単なる利益共同体であった場合には、自分の権益を護《まも》ろうとする人がけっこう抵抗《ていこう》するため、どうしても発展しなくなります。

ここに〝踏《ふ》み絵〟があるのです。まだ規模が小さくて、二十人の会社が五十人になるぐらいであれば落ちこぼれませんが、二十人の会社が百人を突破《とっぱ》するぐらいの規模になると、人材の落ちこぼれがだいぶ出てきます。これは、三百人になっても五百人になっても起きてきます。

## トップ自身にも能力の限界は来る

また、人数の拡大だけでなく、売り上げ金額の拡大においても起きてきます。

最初は、年商一億円ぐらいのところに一つの壁《かべ》があります。「どうしても年商一億円を超えられない」という会社がありますが、それは、おそらく社長の能力の問題でしょう。その次は、年商十億円の壁があり、十億円を超えたら、百億円の壁が出てきます。年商百億円を超えられる企業はあまりありません。

そこから先へ突破していける企業の数は、本当に少なくなってきます。サケの川上りのように、だんだん数が少なくなってきますが、それぞれの段階で壁があるのです。人数の壁もありますし、年商の壁もあります。

そのときに、「自分は、年商一億円の会社のトップの器《うつわ》なのか。十億円の会社のトップの器なのか。百億円の会社のトップの器なのか」ということを、よく考えなければいけません。

そして、「これ以上、自分の器は大きくならない」と思う場合には、その器の範囲内《はんいない》で生きていくことを考えるのも一つです。

しかし、「私《わたくし》」を離《はな》れて客観的に自分の仕事を見たときに、「まだまだ成長していける」と思う場合、例えば、戦後の自動車産業や家電メーカーのように大きくなっていけると思うならば、どんどん考え方を変えていき、脱皮《だっぴ》していかなければ

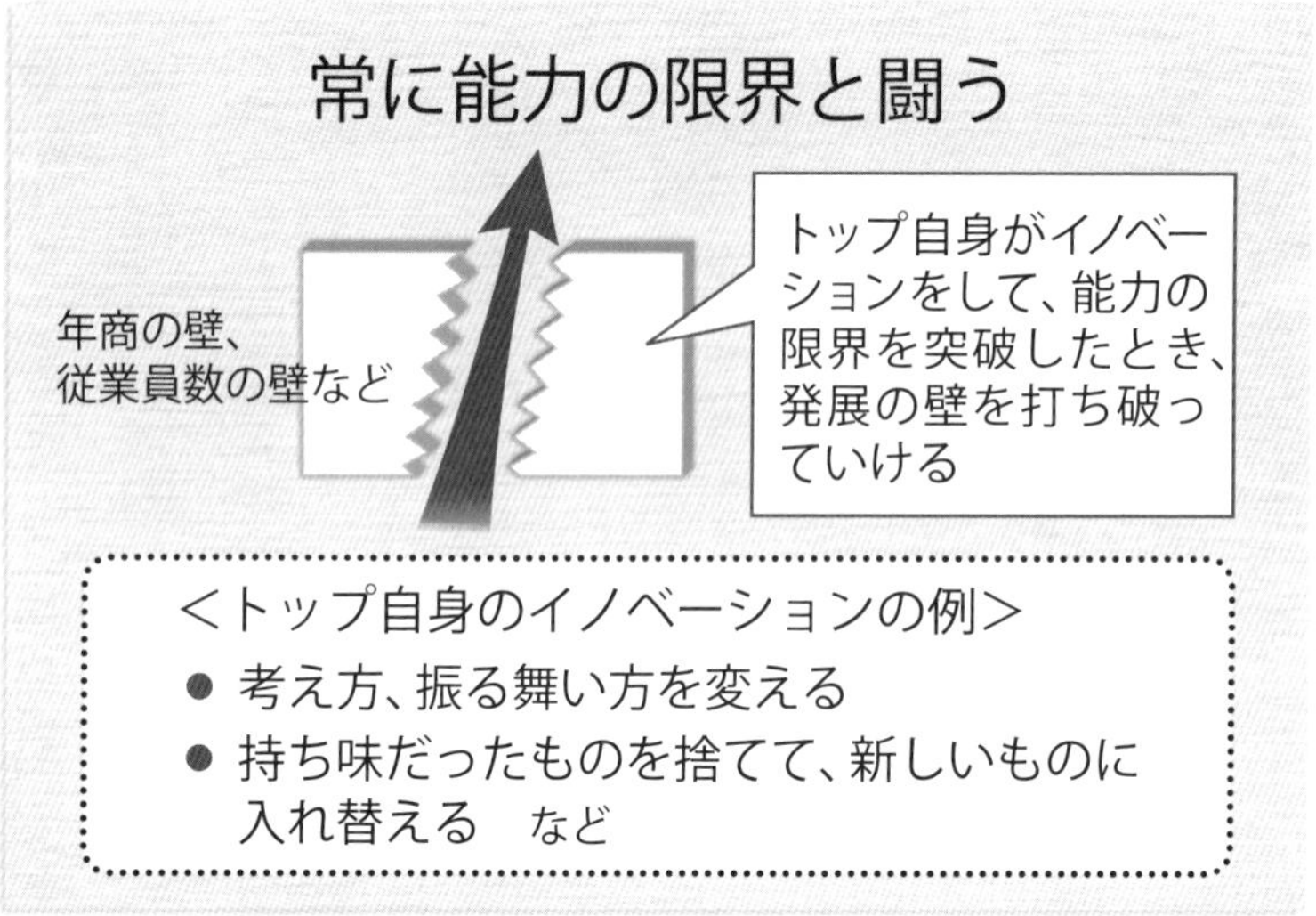
常に能力の限界と闘う
トップ自身がイノベーションをして、能力の限界を突破したとき、発展の壁を打ち破っていける
年商の壁、
従業員数の壁など
＜トップ自身のイノベーションの例＞
● 考え方、振る舞い方を変える
● 持ち味だったものを捨てて、新しいものに入れ替える　など

ばなりません。そうしないかぎり、やがて、うまくいかなくなります。

そのときに、前述したように、従業員のなかで頼《たよ》りにしていたような人が落ちこぼれていくこともありますが、トップ自身にも能力の限界が来ます。

中小企業においては、発展の限界は、トップの能力の限界が原因である場合がほとんどです。

成功もトップの能力によりますが、発展の限界もトップの能力から来ています。

「責任はトップ一人にある」ということ

を述べましたが、トップの能力による限界が来るのです。

ただ、「自分の能力の限界などは認めたくない。知りたくもないし、言われたくもない」というのが社長と名の付く人の習性です。悪い話や批判は聞きたくないのです。

例えば、「うちの会社は年商三億円になったぞ。どうだ。大したものだろう」と言ったときに、「何を言っているのですか。年商二十億円や三十億円のところがたくさんあるではないですか」などと言われると腹が立ちます。そのように、自分の会社のなかだけにこもって偉《えら》くなりたがるのが、社長の特徴《とくちょう》なのです。

それゆえに、トップの落ちこぼれが生じるわけです。

大きな企業では、役員や部長や課長などの落ちこぼれは、当然、起きることですが、トップ自身の落ちこぼれも起きるのです。

それが起きないようにするためには、事前に、前述した「大円鏡智《だいえんきょうち》」の心で、鏡に映すように、世の中や会社、自分の姿を映して、あるべき姿を求めなければいけないのです。

もう一段の発展を求めていける環境にある場合には、経営者としても、年商一億円の会社の社長から十億円の会社の社長へと脱皮していかなければなりません。「年商十億円の会社は、どのような考え方をし、どのように振《ふ》る舞《ま》わなければいけないのか」ということを考える必要があります。

さらに、年商十億円の会社が百億円になるためには、百億円の会社相応の見識を持ったトップでなければいけなくなるので、かつては自分の持ち味だったものを捨てて、新しいものに入れ替えていかなければ、もたなくなることがあるのです。これを知らなければいけません。

ここで、前述した経営理念の問題が、もう一度、出てきます。「自分は、トップとして、正しい仕事をしているか。間違《まちが》ったことをしていないか」という、自己保身との闘《たたか》いが起きてきます。

トップがイノベーションをし、脱皮して、伸《の》び続けるかぎり、その企業体は伸びていきますが、トップに限界が来たときには企業体も伸びなくなります。そのときに、トップは、経営理念に照らして、自分の出処進退《しゅっしょしんたい》まで考えなければいけないことがあるのです。

九十七パーセントぐらいの大多数は、それほど大きくはならない企業です。カニと同じで、甲羅《こうら》の大きさで巣穴《すあな》の大きさがだいたい決まっているのですが、一部には大きくなっていくところがあります。

やはり、トップは常に能力の限界との闘いをしなければ駄目《だめ》なのです。そういう意味で、生きがいはありますが、厳しい立場でもあります。

## どんな名経営者にも能力の限界は訪《おとず》れる

普通《ふつう》の人が見れば、能力の限界があったとは思えないような名経営者でも、やはり限界はあったわけです。

例えば、ホンダという自動車会社をつくった本田宗一郎《ほんだそういちろう》は、一代の英雄《えいゆう》のような人でしょうが、あの本田宗一郎にも能力の限界はあったのです。

彼の頭のなかには、メカ（機械）をつくるほうの知識はありましたが、エレクトロニクスについての知識はありませんでした。エレクトロニクスの時代が来たときに、彼は自分がついていけないことが分かったので、さっと身を引きました。「これはもう駄目だ。新しい学問をした人でなければ、とてもこの業種はやっていけない」ということを彼は知ったのです。

パナソニックの創業者である松下幸之助《まつしたこうのすけ》は、最後まで落ちこぼれなかった人ではありますが、やはり、年を取ってきたら、「うちの会社の製品は、全然、分からないものばかりになった」と言っていたようです。それはそうでしょう。二股《ふたまた》ソケットを発明したころの知識では、もうまったく分からないような、先進、先《せん》端《たん》の機械をつくるようになっていたからです。

それから、ソニーの創業者である井深大《いぶかまさる》は、趣味《しゅみ》の無線の技術で会社を始めて、それがどんどん大きくなっていったわけですが、晩年になると、幼児教育を始めたり、超能力《ちょうのうりょく》の研究所などをつくったりしました。「二十一世紀はこれだ。これをやらなければ発展はない」などと言って、超能力研究をやっていました。

ソニーの社内では、「うちの創業者は、もう年だから、ちょっとぼけたのだろうか。でも、創業者のすることだから、しかたがない。会社が潰《つぶ》れない範囲で楽しんでもらうしかない」と言って、彼を自由にさせていたようです。

ただ、トップ自身は、それほど変わっていたわけではないと思います。創業して、最初は機械をつくっていましたが、晩年になって、機械の限界のようなものを感じたのではないでしょうか。それで、「このまま機械ばかりが発達しても、人間の心のほうが駄目になったのではいけない」と考えて、東洋医学や超能力なども取り入れようとしたのでしょう。

彼は、気功《きこう》の「気」などを研究していましたが、それらが偽物《にせもの》であるかといえば、そんなことはありません。そういうものは現実にあります。とくに、東洋医学は実際に役に立っています。

メカのほうをやりすぎて、西洋の機械文明に慣れると、気や超能力などを否定する人が多くなるので、「これでは限界が来る」と考えていたのですが、創業者が言っても、社員のほうは聞く耳を持たなくなっていました。それくらい会社が大きくなってしまったのです。

そのように、創業の精神は残っていても、創業から年月がたち、どんどん大きくなっていったときには、必要な能力が入れ替わっていくことがあるのです。それを理解しなければいけません。

## 「人に任せて、成果を判定する」という能力へのシフト

ただ、そこまで行く企業は百社に一社もないかもしれませんが、予想に反して大きくなってきた場合には、まず、能力的にイノベーションをかけて生き延びる努力をしなければいけません。

しかし、「どうしても、ついていけない」と感じた場合には、トップは、「人に任せる」という仕事の妙味《みょうみ》を編み出していかなければなりません。人を使える人徳、徳力のようなものを身につける必要があるのです。

細かい技術については分からないとしても、仕事の指揮をしている人の全人格的な能力についての判断、「この人に任せて、いけるかどうか」の判断は、でき

なければいけません。

また、自分が直接やればできる仕事でも、自分ではやらなくなるので、他の人がやった仕事、部下に任せてやらせた仕事の成果の判定のほうに、エネルギーを注がなければいけなくなります。

「自分だったらできるのに、どうしてできないのか」と思うことがあるかもしれませんが、だんだん人に任せていき、目標を設定したり成果を判定したりするほうに能力をシフトしていかなければならないのです。

そのように仕事の内容が変わっていくわけです。

本田宗一郎は、会社が大きくなってからも、工場を見回り、うまくいっていなかったりすると、「おまえたちは、ボルトを差し込《こ》むための穴あけもできないのか」などと言い、若い社員に、「社長が教えてくれなければできませんよ」と言われて、「よし、俺《おれ》がやって見せてやる」と言い、車の下に入ってドリルで穴を開け、「どうだ」という感じでいたようです。

それは昔の勘《かん》が残っていたのでしょうが、そういう能力だけではもたなくなる状況《じょうきょう》が、やがてやってきます。

「会社の規模に応じて仕事の内容が変わってくる」ということを考えなければいけないのです。最初は、代わりにやってくれる人はいないので、自分でやらなければいけませんが、やり方が固まったら、人に任せていくことが大切です。

次に、人にやらせながら、その成果を判定し、「どのようにして成果をより高めていくか」ということにエネルギーを使わなければいけません。仕事を人に任せて、その成果について判定すること、技術的なことを自分がやるのではなく、他の人がやったものについて、「さらに良くするには、どうしたらよいか」ということを考えることが仕事になるのです。

## 能力の高い人を使っていく「大きな器《うつわ》」をつくる

さらには、能力のある人たちを使っていくための大きな器《うつわ》が必要です。

成長する企業では、社長から役員や部長、課長まで、能力のある人が、あとからどんどん出てくるので、能力競争が激しいのです。

そのときに、「部長が課長に嫉妬《しっと》する」などということがあると、うまくいきません。部長がかつて課長だったころよりも会社が大きくなっているので、能力の高い人があとから入ってきているのですが、上の人が下の人を嫉妬するような空気が社内にあったら、もう一段の発展はできなくなります。

「会社が大きくなる」ということは、「上にいる人が、専門的な技術や知識で、下の人に勝てなくなるときが来る」ということを意味します。ただ、技術部門についていては、新しい人、若い人のほうがよく知っているとしても、上にいる人は、トータルで見て総合力で勝《まさ》っていればよいわけです。そういう気持ちを持たなければいけません。

機械などの進歩はものすごいので、大きなメーカーの六十歳《さい》を過ぎた経営者たちは辛《つら》いことでしょう。昔とはまったく様変わりしていて、かつて自分たちが教科書で習った内容は、ほとんど役に立たなくなっているでしょうが、新しい知識を学び直すのは大変です。

会社が大きくなるにつれて、あるいは、自分の立場が偉くなるにつれて、分からないことや、できないことが、だんだん増えてくるのです。

会社が中小企業であるうちは、「自分はオールマイティーで何でもできるぞ」という感じで、社員との差がものすごくあったのに、しだいに、自分よりも高い専門技術や専門知識を持っていたり、新しい学問を学んだりした人がどんどん入ってきて、その人たちを使っていかなければならなくなります。これは厳しいことです。

「自分ができない。分からない」ということに耐《た》えて、しかも、成果をあげていくことができるかどうかです。これをやらなければいけないのです。

そういう意味での経営学、経営のノウハウというものがあります。これを身につけるには経験が必要です。経営の経験や知識は、その立場に立たなければ得られません。いくら優秀《ゆうしゅう》な技師であったとしても、経営者の立場に立たないかぎり、経営のノウハウは持っていないのです。

## 技術者出身でも代表的な経営者になれる

一般的《いっぱんてき》に、技術者は経営に向かないことが多いのですが、ただ、戦後の日本を見ても分かるように、日本を代表するような経営者は、ほとんどが技術者出身なのです。

新しい技術がどんどん出てくるので、技術者が、自分の技術だけで仕事をしていたなら、だんだん仕事ができなくなっていきます。しかし、新卒の大学生と一緒《いっしょ》に、もう一度、新しい技術を学ぶわけにもいきません。

そのときに、自分にイノベーションをかけ、「新しいノウハウや知識を持っている人たちが、伸び伸びと仕事をし、その力を発揮して、技術の開発がさらに進むように」と考え、成果をあげるための環境を整えたり土壌《どじょう》をつくったりして、さまざまな面で面倒《めんどう》を見ていくことが大切です。

そういう方向にエネルギーを使い、経営者へと変身した人のみが、会社を大きくし、かつ、技術者出身の代表的な経営者になることができるのです。

そういう人たちが、もし技術だけにこだわっていたならば、会社は大きくなっていないでしょう。自分の限界を知り、「できない。分からない」ということに耐えて、「どういうことならできるのか」という方向にシフトしていった人が生き延びたのです。

例えば、宇宙時代のロケットに取り付けるような、巨大《きょだい》で高度な機械をつくっている人に対して、「私は昔、これを発明したのだ」と言って、二股ソケットのようなものを見せたりしたら、「その当時は大したものだったのでしょうが、時代が違います」と言って笑われてしまうでしょう。

技術の世界は日進月歩であり、あとのもののほうが絶対に進んでいるので、古いもののほうが良いということはありません。宗教の場合は、古いもののほうが良いことはけっこうあるのですが、技術の世界では、新しいもののほうが絶対に進んでいるのです。

医学でもそうです。親子で医者をしている場合、子供の代では、親の時代の教科書とは内容がまったく入れ替わっているため、たいてい親子喧嘩《げんか》になります。内容が変わりすぎていて、「おやじの知識は古い」と必ず言われるので、うまくいかないのです。

技術系も、時代を下ると、昔のものは、だいたい全部、駄目になっていますが、これに耐えなければいけないのです。技術のレベルは、今のような日進月歩の速度からいくと、ワンゼネレーション、つまり三十年は、とてももちませんし、おそらく十年ももたないでしょう。

技術の進歩に応じて、自分で勉強を続け、新しいノウハウを吸収していかなければなりませんが、今の進歩速度から見れば、それでも追いつかなくなります。

そのときに、もっと優《すぐ》れた若い人たちが出てくるので、そういう人たちを伸び伸びと働かせて、成果をあげさせることに、エネルギーをシフトしていかなければならないのです。

## 自分の器《うつわ》と運を見極《みきわ》めて、あるべき姿を求めよ

このイノベーションに失敗した経営者は、いち早く出処進退を明らかにしなければいけません。

もし、自分の会社に、前述したような経営理念があり、それが公的なものであるならば、「自分の能力が限界になっている」と思ったときには、どこかで、仕事の範囲を狭《せば》めるなり、引退するなりしなければいけないのです。そういうことを考える必要があります。

経営者は、みな偉い人たちでしょうが、どこかで能力の限界は来ます。

店を経営するのが上手な人でも、店舗《てんぽ》が、二店舗、三店舗、五店舗、十店舗と増えていったら、だんだん目が届かなくなっていきます。自分が直接に見ている場合には商売に強い人でも、直接には目が届かなくなったら駄目になることがあ

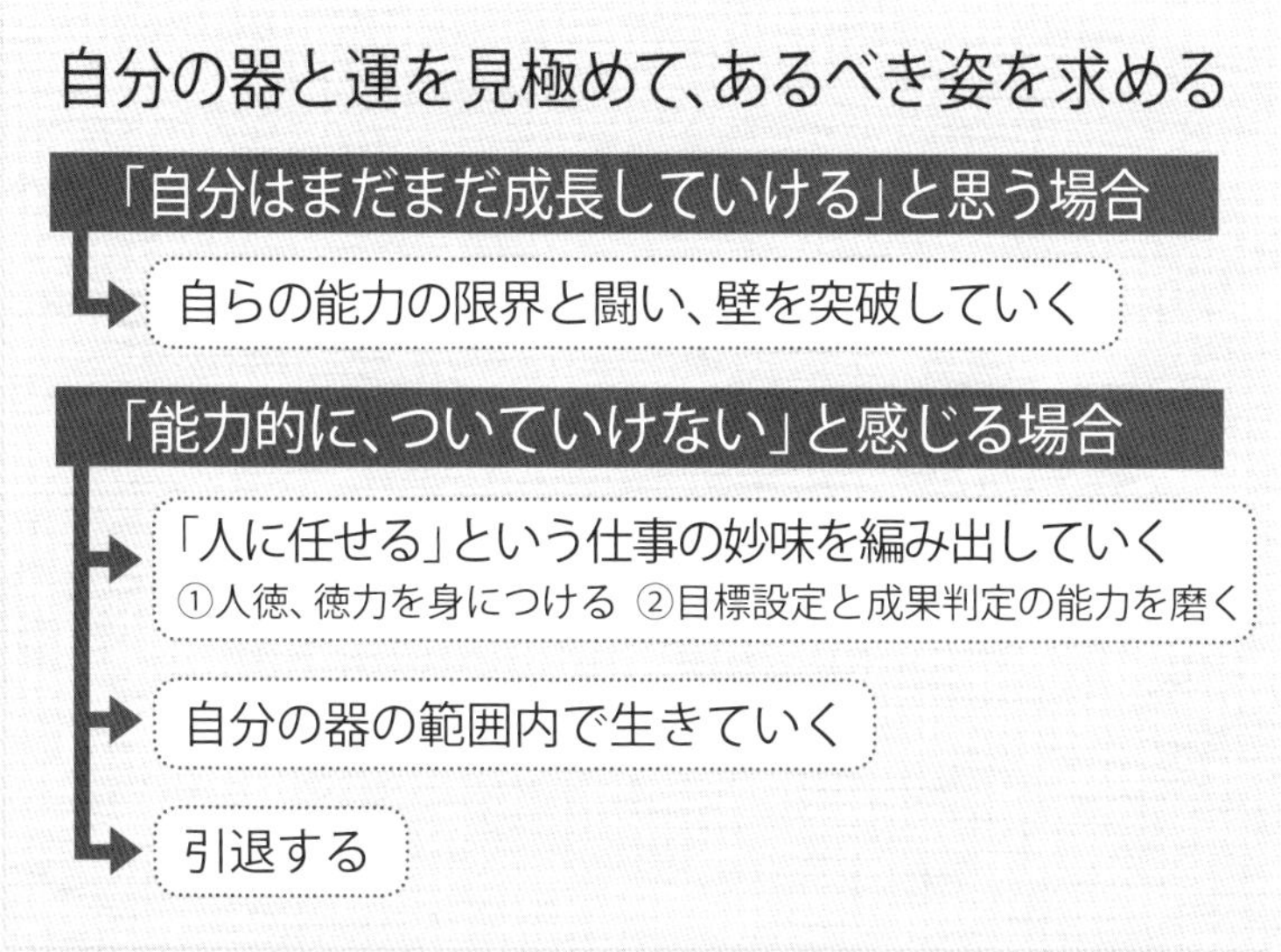
自分の器と運を見極めて、あるべき姿を求める
「自分はまだまだ成長していける」と思う場合
自らの能力の限界と闘い、壁を突破していく
「能力的に、ついていけない」と感じる場合
「人に任せる」という仕事の妙味を編み出していく
①人徳、徳力を身につける ②目標設定と成果判定の能力を磨く
自分の器の範囲内で生きていく
引退する

るのです。人を使って、その報告を聴《き》いて判断を行うようになると、間違うことがあるわけです。

自分が直接に現場を見れば、どうすればよいかがパッとひらめく天才的な人でも、店を数多く開いて、人を何人も使って店の管理をさせるようになったら、別のノウハウが必要になってきます。これは厳しいことです。

このようなイノベーションができなかったところは大きくはなりません。

今の時代は、会社をただ大きくする

だけが能ではないので、守りに徹《てっ》していくのもよいし、規模を狭めるのも一つの道ではあります。

自分の器《うつわ》と運をよく見極《みきわ》めて、あるべき姿を求めることが大事です。

さまざまなことを述べましたが社長学として何らかの参考になれば幸いです。

# 社長学入門〔質疑応答〕

## 1　顧客《こきゃく》ニーズをつかむポイント

【質問】

現在、企業《きぎょう》の経営環境《かんきょう》は厳しい状況《じょうきょう》にありますが、そのなかにおいて、「顧客《こきゃく》ニーズをどうつかむか」ということが大切になると思います。この顧客ニーズをつかむための一般的《いっぱんてき》なポイントやコツについて、お教えください。

## 常に求め続ける姿勢を持つ

それは誰《だれ》もが知りたいことでしょう。それが分かったら大変な価値があります。もし、「これで確実に顧客ニーズがつかめる」という研修があったとしたら、研修料は最低でも一億円ぐらいになるのではないでしょうか。

「顧客ニーズをつかむ」ということは、本章で述べた「運」ということとも少し関係するかもしれません。運の良い人はニーズがすぐに分かります。それは経営者の「ひらめき」と言ってもよいでしょう。良い方向でひらめく人、ほかの人が気づくよりも少し前に、一年でも二年でも早く気がつく人は、運が良いのです。

その運のもとになるものは、ひらめきです。同じものを見ても何もひらめかない人もいます。何を感じるかが大切なのです。

電車に乗って何を感じるか。バスに乗って何を感じるか。街を歩いて何を感じるか。テレビのコマーシャルを見て何を感じるか。テレビのドラマを見て何を感じるか。本を読んで何を感じるか。幸福の科学の成功論や経営論に関する本を読んで何を感じるか。

同じ本を読んだとしても、何かをひらめく経営者と、ひらめかない経営者がいますが、それは著者の責任ではないのです。同じ本を読んで、ニーズを発見する人もいれば、発見しない人もいます。そこに、その人の経営者としての運がかかっているのです。その運のもとになるのは、ひらめきであり、「何に対して、ひらめくか」ということが大事です。それは、各人の守護霊《しゅごれい》や、さらに霊格《れいかく》の高い指導霊たちの力でもあるでしょう。

このように、ニーズを発見するためには、良い運が必要であり、運のもとには、ひらめきがあるわけです。

そこで、「どうしたら、ひらめくか」ということですが、ひらめきのなかには、

「人間の頭のなかに蓄積《ちくせき》されているものが発酵《はっこう》して出てくる」という場合も当然あります。したがって、その側面で見るならば、「常に求め続けている」という姿勢が大事です。

「何かニーズはないか」と常に思っている人にはニーズが見えてきますが、思っていない人には見えてきません。常に求めている人が、あるときにひらめくものなので、求め続けることが大事なのです。

「ニーズを知りたい」と求め続けて、あらゆる機会にそれを捉《とら》えようとする人、すなわち、「テレビを見る」「ラジオを聴《き》く」「街を歩く」「風呂《ふろ》に入る」など、あらゆる機会に、いつも考え続けている人には、ひらめきが来ます。

この世的な能力として、自分の頭のなかにあるものからも、ひらめきは来るのです。また、常にアンテナを張っている事柄《ことがら》に関しては、目を通して読んでいるものや耳を通して聴いているものから、必要な情報が入ってきて、ひらめくこともあります。

そういう意味で、常に求め続ける姿勢が大事です。これが第一点です。

## 天上界《てんじょうかい》からのアドバイスを受ける

さらに、その人の求め続ける姿勢とも関係がありますが、「祈《いの》り」というものもあります。

祈った者には応《こた》えが来ますが、祈らない者に応えは来ません。不公平だと思うかもしれませんが、これは事実です。私のように霊的な能力を持つ者には、それがすぐに分かります。祈れば、天使が現れて、助けようとしてくれますが、祈らなければ天使は来ません。彼らも忙《いそが》しいのです。「助けが必要であるかどうかは自分で判断してください」と思っていて、祈りがない場合にまでお節介《せっかい》はしません。

したがって、あの世の天使たちに対して祈れば必ず応えが来ますが、祈らなければ応えは来ません。普段《ふだん》はやってこないような霊人に対しても、その名を呼び、祈れば、やってきます。これは現実にあることなのです。

つまり、ひらめきのなかには、天上界《てんじょうかい》から来るものも当然あるわけです。

十年前や二十年前にこの世を去った優秀《ゆうしゅう》な経営者のなかには、この世の人に「自分の〝衣鉢《えはつ》〟を譲《ゆず》りたい」「自分は死んだけれども、この世で事業をしている人に自分のノウハウを譲りたい」と思っている人が数多くいます。そういう霊人は、経営についてずっと考えを練り、ひらめきを求めているこの世の人に、霊感のかたちでアドバイスを降ろしてくれるのです。

霊界の特徴《とくちょう》は、この世よりも少し早く先が分かることです。霊界では、時間的に先のことが分かることが多いのです。前述のように、「求め続けて、自分で発見する」というのも一つではありますが、「求め続けるなかに、霊界からのアド

## 顧客のニーズをつかむ

**常に求め続ける ➡ ひらめき**

**①求め続けて自分で発見する**
- 頭の中に蓄積されているものが発酵して出てくる
- アンテナを張っていると必要な情報が入ってくる

**②求め続けるなかに、霊界からのアドバイスを受ける**
- 天上界の応援を真剣に無心に求める（祈り）

バイスを受ける」ということも当然ありえます。

霊界からのアドバイスを受ける方法は、まず、その人が真剣《しんけん》に求めていることです。

それから、心に曇《くも》りがないことです。無私の心で無心に求めていること、つまり、「世のため人のために、やらなければいけない仕事なのだ」と思い、無心に求めていれば、応えが来ますが、我欲を出して、「もう少し贅沢《ぜいたく》をしたい」「個人的に、いい格好をしたい」などという思いがある場合には、天上界からのアドバイスは来ません。そういう場合には、逆に悪魔《あくま》のほうからの〝アドバイス〟が来るかもしれません。

そういう意味で、企業経営にも宗教的な修行が合体してくるのです。

この世的には、常に、できる限りの努力を忘れないことが大事ですが、幸福の科学の精舎における研修などの際に、天上界の応援《おうえん》を無心に求めれば、それなりのアドバイスが降りるはずです。

そのような機会を自分でつくっていくことです。

幸福の科学は、宗教ではありますが、地獄《じごく》へ行っている人は別として、天上界に還《かえ》っている、あらゆる経営者のアドバイスを受けられるだけの器《うつわ》を持っています。したがって、必要とあらば、いろいろな霊人が必ずアドバイスをしてくれるはずです。

あの世にいる経営者でも、菩薩《ぼさつ》クラスの魂《たましい》であれば、人助けをしたくて、しかたがないのです。地上で倒産《とうさん》しそうな企業があったり、「発展したい」と思っている経営者がいたりすると、「アドバイスをしたい」と思っているのです。そのアドバイスを受けるためには受け皿が必要なので、幸福の科学では経営者向けの研修などの機会を数多く提供しているわけです。

一般的な内容として、以上のことを述べておきます。

## 2 イノベーションの秘訣《ひけつ》とは

【質問】

現代のように、変化の非常に激しい社会情勢下において、企業《きぎょう》が、その変化に対応し、発展し続けるためには、イノベーションが必要になると思います。

そこで、たゆまぬイノベーションをしていく上で心掛《こころが》けるべきこと、あるいは、イノベーションの秘訣《ひけつ》について、具体的にお教えいただければ幸いです。

## 今は「速さ」が勝負の時代

今の経営状況《じょうきょう》を見ると、結局、「速さ」の勝負になっています。状況はどんどん変化していきます。携帯《けいたい》電話であろうと、テレビであろうと、コンピュータであろうと、同じものが十年も二十年も売れ続けたらありがたいでしょうが、すぐに次の商品が出てきて、あっという間に古くなっていきます。「つくった機械が、ほとんどゴミの山になり、公害になる」と言われるぐらい、商品のサイクルが非常に短くなっています。

昔は、資金をたくさん持っている企業が強かったり、社員の数が多い企業が強かったりしましたが、今はそうではありません。変化速度の速い企業ほど強いのです。

一般的《いっぱんてき》に、大きい企業は変化が遅《おそ》いので、「規模が大きいことは不利になる」

という傾向《けいこう》が極《きわ》めて強くなっています。

「大きな企業ほど、変化速度を速める努力をしなければ、必ず負ける」ということが、〝方程式的〟にも見えているので、いかに変化速度を速めるかが大事です。

変化の速度と実績の比率を見ると、例えば、商品の開発期間が普通《ふつう》は二年であるものを、一年でできる企業があったなら、速度は「二対一」ですが、現実の市場での攻撃力《こうげきりょく》では、その二乗倍の「四対一」ぐらいになります。三倍速いところであれば、その攻撃力は「九対一」ぐらいになります。それだけの違《ちが》いがあるのです。

したがって、いかに時間を短くするかが非常に大事です。しかし、「大きくなるほどスピードが遅くなる」というジレンマがあり、「大きくなって、同時にスピードも速くする」ということは、ほとんどの企業ができません。そのため、このなかなかできないことを解決したところは一人勝ちになります。

規模が小さければスピードは速いのですが、その代わり、経営的にはあまり安定しません。博打《ばくち》のような商売ばかりをさせられる可能性は極めて高いのです。

まず、「今はスピード勝負の時代に入っているのだ」ということを頭のなかに入れておかなければなりません。「スピードの遅いところは敗れる。時代の変化についていくためには、絶えず速さを求めなければならず、そうでないと勝てない」ということを、経営者は知っていなければ駄目《だめ》なのです。

## 「変えてはいけないもの」は頑固《がんこ》に守る

そのように、「イノベーションの時代に入っている」ということを知る必要がありますが、それだけでは、心の安定性、心の平和というものがなくなってしまいます。したがって、「絶えず変わらなければいけないのだ」と思いつつも、同時に、「変わってはいけないもの」も持っていなければならないのです。それを持っていなければ、安定的な繁栄《はんえい》はないでしょう。

「わが社のなかで、変えてはいけないもの」を、同時に求めなければいけません。「これは変えてはいけない。ここは変えないぞ」というところを、必ず持っていないと、心が揺《ゆ》さぶられて駄目になります。

何でも、ただただ無茶苦茶に変えていくだけであったら、それもまた破滅《はめつ》への道です。例えば、老舗《しにせ》の旅館を鉄筋に変えたら成功するかといえば、それだけで成功するとは言えません。変えてはいけないものを同時に求めていく必要があります。

基本方針や理念など、「わが社のなかで、これだけは譲《ゆず》れない。どんなに世の中が変わろうと、これだけは持ち続けなければいけない」というものは、頑固《がんこ》に守らなければいけないのです。

## 「速さ」と「緻密《ちみつ》さ」を両立させる

しかし、世の中の商売や人々のニーズが、さまざまに変わっていく姿を見て、「ここは変えてもよい」と思われる部分については、できるだけ、タイムベース・マネジメントによって時間競争をし、先手を打つことが大事です。

そのためには、絶えざる研究開発が必要です。常に研究熱心でなければ駄目なのです。

「今、経営資源として、いちばん希少なものは『時間』である」ということを、経営者は知らなくてはなりません。お金でもなく、人の数でもなく、工場でもなく、原材料でもなく、時間が最大の経営資源なのです。

「どうしたら時間を速めていけるか」ということに心を配った人が、いちばん成功する世の中になっているのです。こういう観点から見なければいけません。

## イノベーションをする上で心掛けること

- 変化速度を速める努力をする
- 基本方針や理念など、「これだけは持ち続けなければならない」というものは頑固に守る
- 世の中の商売や人々のニーズの変化など、常に研究する
- 速いけれども、正確で緻密な仕事をする　など

したがって、「仕事の速い企業は、どこも伸《の》びていく」と見てよいでしょう。

もちろん、「速かろう、悪かろう」では駄目です。仕事を速くすると雑になるのが普通です。「遅くて緻密《ちみつ》」「速くて雑」は両方とも普通です。「速いけれども緻密」という、この相反《あいはん》するものを統合できたところだけが勝つのです。

「遅くて雑」ということでは、やはり成功しません。これは淘汰《とうた》されます。「遅くて緻密」は生き残れるかどうか、ぎりぎりの線でしょう。「遅いけれども、正確な仕

事である」というのは、やや淘汰されかかっていて、「遅くて雑」は完全に消え去る運命にあります。

また、「速くて雑」という場合は、目先の商売では、良いところをパッと攻《せ》めて利益が取れることはありますが、安定的に発展するとは言えません。それでは安定的な取引関係の拡大はありえないので、もっと緻密な仕事をするところが出てきたら必ず負けます。「あそこは、仕事は速いけれども、雑で失敗やミスが多い」と言われたら、やがて消える運命にあります。

「速いけれども、正確で緻密」という、矛盾《むじゅん》するものを統合できたところには、やはり、企業としても徳が出てくるのです。

それから、前述したように、「変えてはいけないもの」と「変えなければならないもの」という、この矛盾するものを統合することも必要です。

## 3 「起業して成功するかどうか」の判定基準

【質問】

今、経営環境《かんきょう》がさまざまに変化していて、一つの会社にずっと勤めるということが難しくなっているため、「会社を辞《や》めて、新たに起業したい」と考えている人も多いと思います。

そこで、「起業するに当たって、最も気をつけるべき点は何か」ということについて、アドバイスをお願いします。

## 求められる性格や素質が変わってきている

前の質問とも関係しますが、今は、高度成長期にプラス評価をされた性格や素質が引っ繰《く》り返ってきています。今、潰《つぶ》れている大企業《だいきぎょう》は、昔は有名企業で、誰《だれ》もが就職したくて憧《あこが》れたようなところばかりです。そういうところが駄目《だめ》になってきているのです。

それはなぜかというと、求められるものが違《ちが》ってきているからです。そういう会社は、「長く安定的に働いて成功していく」ということを社員に求めていて、前の質問でも述べたように、「時間を速める」ということをしてこなかったのです。

「二十二歳《さい》で入社し、四十年ぐらい〝宮仕え〟をして、六十歳ぐらいから役員になる」というように、少しずつ少しずつスローテンポで上がっていく人のほうが成功したのです。そして、あまりにも成功を急いだ人は、むしろドロップアウトしていきました。「五年以内に自己実現をしたい」と思っているような人は、みなドロップアウトして、起業家になっていったのです。

ゆっくりと傾斜《けいしゃ》を上がっていく人、「この速度で上がっていくと、六十歳ぐらいで役員になれるから、ちょうど良いペースで上がっているな」と思うような人は会社に残りますが、それよりも遅《おそ》い人は消えていき、速すぎた人もまた外れていくのが普通《ふつう》でした。そういう「傾斜速度」が会社にはあったと思います。

そのため、大手企業であれば能力の高い人ばかりを採ったかというと、そうでもなくて、この傾斜速度に耐《た》えられる人が、「優秀《ゆうしゅう》である」という判定をされていたのです。

その時代には、速い変化に対応できるタイプの人が入ってくると、鼻摘《はなつま》みものにされて追い出されることが多かったと思います。「会社にダメージを与《あた》えるから、辞《や》めてくれ」と言うか、どこかで左遷《させん》するなり干すなりしないと、「あいつのことは黙《だま》って見ていられない」という感じだったのです。

ところが、そのような、何十年かかけて自己実現をしていくタイプの人が評価され、「優秀だ」と言われていた時代が、今、変わろうとしています。

そうなると、求められる気質も変わってきます。どのような気質が求められるかというと、今までは評価されなかったようなタイプです。そういう人が高く評価されるような傾向《けいこう》が出てきています。

昔は、五年、十年かけて、じっくりと成果をあげてくる人が良かったのですが、今は、成果の判定をする期間も短くなってきていて、三年も待てないような状況《じょうきょう》になっています。なかには「一年も待てない」というところもあり、新しい部署に入れて一年で芽が出なければ、「この人は駄目だ」という判定が出るぐらい、ものすごく速くなってきているのです。

## エリート社員より能力が高くなくてはいけない

大きな会社でも、そういう判定が行われるようになってきていますが、「独立して、自分で会社を起こそう」と思う人は、その会社のなかで出世できそうな人よりも、もう一段、上に行かないかぎりは、起業しても成功しないのです。そこまでの能力がなければ、どこかの会社のなかにいたほうが成功できます。

昔であっても、「独立して起業しても、成功するのは五人に一人もいない」と言われていたので、不況《ふきょう》の時代となると、もっと少なくなるでしょう。「十人に一人」「二十人に一人」という確率に耐えられる人でなければ、起業はできません。

したがって、起業することが、すべて良いかどうかは分かりません。今は、ある程度、流動性の高い社会になっているのは事実なので、主流は転職かもしれません。「力のある人は起業し、起業して失敗したら、またどこかに勤める」というスタイルになると思います。

自分で会社を起こそうとする人は、会社のなかでエリートと言われて評価されている人よりも、時間速度がもっと速くなければ駄目なのです。もっと速く考え、行動できるタイプでなければいけません。

会社のなかにいるときに、「この速度では、遅すぎてとても耐えられない」という人でなければ成功しませんし、その特定の部や課のなかで仕事をするのに、ちょうど間に合っているぐらいのアイデアしか出ない人は、やはり起業すべきではないでしょう。

例えば、ある部門に配属されたとして、「ここで十年間じっとしていても、俺《おれ》のアイデアは使い切れないだろう。ほかの部門の仕事まで次々と気になる。さらには、他の業種まで気になる」というような人であれば、起業して成功するかも

**起業して成功しやすい人**

- **企画力があるタイプ**
  ➡ 水平思考ができ、いろいろなアイデアが出る
- **時間速度が速いタイプ**
  ➡ 考える速度、行動する速度が速い

会社のなかでエリートと言われて評価されている人よりも、能力が高くなければいけない

しれません。

そういう意味で、昔であれば「腰《こし》が据《す》わらない」と言われたような人でも、成功するチャンスがある時代ではあります。

要するに、起業して成功しやすい人は次のような人です。

まず、企画力《きかくりょく》があり、いろいろな領域のアイデアが出やすいタイプです。縦掘《たてぼ》りをするだけでなく、いろいろなところに穴を掘るような、いわゆる「水平思考」ができ、いろいろなアイデアをパラパラと思いつけるようなタイプの人です。

それから、考える速度や行動する速度が、会社で普通に仕事をしている人よりもずっと速いタイプの人です。

ただ、成功率は、なかなか十分の一もないかもしれないので、失敗したら、また他の会社に転職することを勧《すす》めます。「起業して失敗する」ということは、やはり、「自分よりも経営能力の高い人に養ってもらわないと無理だ」ということなのです。

## 経営能力の有無《うむ》は、実際に経営をしてみなければ分からない

経営能力自体には、かなり先天的な部分があります。本人の努力による部分もありますが、先天的なものが大きいのです。

ただ、その経営能力そのものは、実際に経営をしてみなければ分からないところがあるため、難しいのです。学校のテストなどで、「この人には経営者の能力

がある」ということを事前に判定するのは不可能なのです。

実際に社長をやらせてみないと、会社が潰れるかどうかは分かりません。経営能力があるかどうかは、やらせてみないと分からないのです。結果を見れば判定が可能ですが、やってみないかぎり分からないわけです。

それは経営者だけでなく課長や部長も同じで、据えてみなければ分かりません。役員も同じです。大手の企業では、役員に任命しても、二年ぐらいで、だいたい終わりになる人が多いようです。部長から役員に昇進《しょうしん》させても、三、四割は失敗すると言われています。

部長であれば仕事がよくできたのに、役員になったら、能力的に駄目になる人が数多く出るのです。ただ、役員にしたことが失敗であったかといえば、そうではありません。その立場に就けてみなければ分からないのです。

部長のときに同じぐらいの能力だった人を何人か役員に昇進させると、そのなかで、成功する人もいますが、三、四割は失敗します。しかし、昇進させたこと自体は失敗ではないのです。昇進させて役員に就けてみたからこそ、できないことが分かったわけであり、逆に、役員ができる人も出てくるのです。

平取締役《ひらとりしまりやく》だった人であっても、さらに能力が出てきたら、常務取締役になり、専務取締役になり、社長になっていくのですが、それは、その立場に立たなければ分からないのです。

したがって、「ベンチャーを起業し、成功するかどうか」という能力は、テストで測ることはできません。実際にやってみて、成功するか淘汰《とうた》されるかが分かるのです。

もちろん、頑張《がんば》っているうちに〝筋肉〟が付いて、できるようになることもありますが、一般的《いっぱんてき》に言って、経営能力はかなり先天的な能力です。そのため、才能のない人は、何度、会社を経営しても、失敗します。

ただ、それを事前に判定することはできません。実績でしか判定できないので、判定は必ず事後になります。

これは、どんなに偉《えら》い学者が判定しようと、どんなに偉い経営者が判定しようと同じであり、その人が起業して成功するかどうかは、その判定期間をどのくらい見るかは別として、やらせてみなければ絶対に分からないのです。

個人として、「自分は起業して成功するだろう」と思うならば、やってみればよいでしょう。やってみて失敗したら、やはり転職するしかありません。

それは、禅的《ぜんてき》に言うならば、「冷暖自知《れいだんじち》」ということです。「冷たいか、暖かいか」は、自分で水のなかに手を入れてみなければ判断できません。他の人がいろいろ言っても分からないのです。水のなかに手を入れてみたら、「ぬるい」とか「熱い」とかいうことが分かるように、自分で経験しなければ分からないところがあります。

起業する場合は、不確定要素がたくさんあり、事前には計算不能です。経営環境が変わることもあれば、ヒット商品が別なかたちになったりすることもよくあり、また、ある商品が当たっても、次のヒット商品が出ないこともあります。そのようなリスクはあります。

## 自分のことをよく知ってくれている人に相談する

あとは、起業する前に、自分のことをよく知ってくれている人に相談してみることです。家族や友達、あるいは、経営的な面で先輩《せんぱい》に当たるような人などに、いろいろと相談してみたらよいのです。

ただ、意見はバラバラだろうと思います。全員が一致《いっち》して、「あなたは経営者に向かない」と言う場合は、本当に駄目なこともあるかもしれませんが、たいていは、バラバラなことを言うだろうと思います。

人に訊《き》いても、おそらく、相手の言うとおりにはならないでしょう。最後は自分で責任を取らなければいけませんが、自分の気が済むまで、いろいろと訊いてみてもよいと思います。

たいていは判断が分かれるはずです。全員が「成功する」と言う場合や、全員が「失敗する」と言う場合は、両方とも正しくないかもしれません。やはり、いろいろと意見が割れるのが当たり前であり、結論があまりはっきり出すぎる場合は、おかしいのです。「『起業したら必ず成功する』と誰もが言うような人が長く会社勤めをしていた」というのは、おかしなことです。

起業して成功するような人は、会社に勤めていても、「彼は、会社を辞めて独立するのではないか。この会社で定年までいられるはずがない」と、同僚《どうりょう》たちは何年も前から見ているものです。

周りの人たちに意見を訊いてもよいのですが、最後は自分の一存で決めなければばいけません。

ただ、成功率は今では十分の一以下に下がっています。会社に勤めていることに納得がいかなければ、起業してみてもかまいませんが、「自分には経営能力がない」と思ったら、プライドが傷ついたとしても、やはり〝宮仕え〟に戻《もど》るべきです。

「経営能力を持っている人は十人に一人もいないのだ」ということは知っておいたほうがよいでしょう。

「経営能力の有無《うむ》は、経営をしてみなければ判定できない」ということです。

あとがき

自らに厳しくあれ。脇を引きしめよ。無駄《むだ》な経費は削れ。しかし、それでも、会社は生き残れまい。どうやって、これからの「鳩山・小沢十年不況」から抜け出すか。私の頭はそのことに集中している。社会主義体制下の自由経済は、刑務所の中の営業の自由と同じで、あってなきが如しである。

ただ、いえることは、逆風下でも前進するヨットのように一筋の「商機」に「勝機」を見出し、高付加価値企業を練り上げることだ。遅くはなろうとも人々は、間違いに気がつき、真のリーダーを発見するだろう。
苦難を勝利に変えるべく、努力せよ。

二〇〇九年　十一月

幸福《こうふく》の科学《かがく》グループ創始者兼総裁《そうししゃけんそうさい》　大川隆法《おおかわりゅうほう》

## 説法日一覧

第1章　幸福の科学的経営論一九九六年九月三十日説法
幸福の科学 特別説法堂にて

第2章　経営のためのヒント二〇〇二年十月九日説法
東京都・幸福の科学総合本部にて

第3章　社長学入門二〇〇二年十月十六日説法
東京都・幸福の科学総合本部にて

## 『社長学入門』関連書籍

『経営入門』（大川隆法 著　幸福の科学出版刊）

『繁栄の法』（同右）

社長学入門《しゃちょうがくにゅうもん》　――常勝経営を目指して――

2009年11月23日　初版第1刷
2023年11月24日　　　第4刷

著　者　　大《おお》　川《かわ》　隆《りゅう》　法《ほう》

発行所　　幸福の科学出版株式会社
〒107-0052　東京都港区赤坂2丁目10番8号
TEL（03）5573-7700
https://www.irhpress.co.jp/

印刷・製本　株式会社サンニチ印刷


ISBN978-4-86395-005-4 C0034
装丁・イラスト・写真© 幸福の科学

―大川隆法ベストセラーズ―

# 地球神エル・カンターレの真実

## メシアの法

「愛」に始まり「愛」に終わる

「この世界の始まりから終わりまで、あなた方と共にいる存在、それがエル・カンターレ」―。現代のメシアが示す、本当の「善悪の価値観」と「真実の愛」。

2,200円

## 信仰の法

地球神エル・カンターレとは

さまざまな民族や宗教の違いを超えて、地球をひとつに―。文明の重大な岐路に立つ人類へ、「地球神」からのメッセージ。

2,200円

## 大川隆法　東京ドーム講演集

エル・カンターレ「救世の獅子吼《ししく》」

全世界から5万人の聴衆が集った情熱の講演が、ここに甦る。過去に11回開催された東京ドーム講演を収録した、世界宗教・幸福の科学の記念碑的な一冊。

1,980円

※表示価格は税込10%です。

**幸福の科学の本のお求めは、**
お電話やインターネットでの通信販売もご利用いただけます。

フリーダイヤル **0120-73-7707**（月～土 9:00～18:00）

幸福の科学出版公式サイト　幸福の科学出版　検索

https://www.irhpress.co.jp

# 心を練る。叡智を得る。美しい空間で生まれ変わる。

## 幸福の科学の

# 精《しょう》舎《じゃ》

先見性、洞察力、不動心、決断力……
大人物に通底する独特の胆力。
あなたも、心の修養を通して、
深みのある人格づくりをしませんか。

幸福の科学の精舎は、
心を見つめ、深く考え、
幅広い見識の獲得と
人格の向上を目指す研修施設です。
全国各地の精舎では、
経営者、ビジネス・パーソン向けの
研修や祈願を数多く開催しています。

**【その他 全国の精舎】**

●聖地・四国正心館 ●北海道正心館 ●東北・田沢湖正心館 ●秋田信仰館 ●仙台正心館 ●千葉正心館
●渋谷精舎 ●新宿精舎 ●ユートピア活動推進館 ●箱根精舎 ●新潟正心館 ●中部正心館
●北陸正心館 ●琵琶湖正心館 ●中国正心館 ●福岡正心館 ●湯布院正心館 ●沖縄正心館

---

精舎の詳しい情報は、インターネットでご覧いただけます。 **http://www.shoja-irh.jp/**

# 幸福の科学グループのご案内

**宗教、教育、政治、出版などの活動を通じて、地球的ユートピアの実現を目指しています。**

## 幸福の科学

一九八六年に立宗。信仰の対象は、地球系霊団の最高大霊、主エル・カンターレ。世界百六十九カ国以上の国々に信者を持ち、全人類救済という尊い使命のもと、信者は、「愛」と「悟り」と「ユートピア建設」の教えの実践、伝道に励んでいます。

（二〇二三年十月現在）

### 愛

幸福の科学の「愛」とは、与える愛です。これは、仏教の慈悲《じひ》や布施《ふせ》の精神と同じことです。信者は、仏法真理をお伝えすることを通して、多くの方に幸福な人生を送っていただくための活動に励んでいます。

### 悟り

「悟り」とは、自らが仏の子であることを知るということです。教学《きょうがく》や精神統一によって心を磨き、智慧《ちえ》を得て悩みを解決すると共に、天使・菩薩《ぼさつ》の境地を目指し、より多くの人を救える力を身につけていきます。

### ユートピア建設

私たち人間は、地上に理想世界を建設するという尊い使命を持って生まれてきています。社会の悪を押しとどめ、善を推し進めるために、信者はさまざまな活動に積極的に参加しています。

### 海外支援・災害支援

幸福の科学のネットワークを駆使し、世界中で被災地復興や教育の支援をしています。

---

毎年2万人以上の方の自殺を減らすため、全国各地でキャンペーンを展開しています。

公式サイト **withyou-hs.net**

**自殺防止相談窓口**

受付時間　火〜土:10〜18時（祝日を含む）

TEL **03-5573-7707**　メール **withyou-hs@happy-science.org**

---

視覚障害や聴覚障害、肢体不自由の方々と点訳・音訳・要約筆記・字幕作成・手話通訳等の各種ボランティアが手を携えて、真理の学習や集い、ボランティア養成等、様々な活動を行っています。

公式サイト **helen-hs.net**

## 入会のご案内

幸福の科学では、主エル・カンターレ 大川隆法総裁が説く仏法真理《ぶっぽうしんり》をもとに、「どうすれば幸福になれるのか、また、他の人を幸福にできるのか」を学び、実践しています。

**入会**

### 仏法真理を学んでみたい方へ

主エル・カンターレを信じ、その教えを学ぼうとする方なら、どなたでも入会できます。入会された方には、『入会版「正心法語《しょうしんほうご》」』が授与されます。

入会ご希望の方はネットからも入会申し込みができます。

**happy-science.jp/joinus**

**三帰《さんき》誓願《せいがん》**

### 信仰をさらに深めたい方へ

仏弟子としてさらに信仰を深めたい方は、仏《ぶっ》・法《ぼう》・僧《そう》の三宝《さんぼう》への帰依を誓う「三帰誓願式」を受けることができます。三帰誓願者には、『仏説・正心法語』『祈願文《きがんもん》①』『祈願文②』『エル・カンターレへの祈り』が授与されます。

幸福の科学 サービスセンター
TEL 03-5793-1727
（受付時間／火〜金：10〜20時　土・日祝：10〜18時（月曜を除く））

幸福の科学 公式サイト
happy-science.jp

# ハッピー・サイエンス・ユニバーシティ
Happy Science University

**ハッピー・サイエンス・ユニバーシティとは**

ハッピー・サイエンス・ユニバーシティ（HSU）は、
大川隆法総裁が設立された「日本発の本格私学」です。
建学の精神として「幸福の探究と新文明の創造」を掲げ、
チャレンジ精神にあふれ、新時代を切り拓く人材の輩出を目指します。

人間幸福学部　経営成功学部　未来産業学部

**HSU長生キャンパス** TEL **0475-32-7770**
〒299-4325　千葉県長生郡長生村一松丙 4427-1

未来創造学部

**HSU未来創造・東京キャンパス**
TEL **03-3699-7707**
〒136-0076　東京都江東区南砂2-6-5　公式サイト **happy-science.university**

# 学校法人 幸福の科学学園

学校法人 幸福の科学学園は、幸福の科学の教育理念のもとにつくられた教育機関です。人間にとって最も大切な宗教教育の導入を通じて精神性を高めながら、ユートピア建設に貢献する人材輩出を目指しています。

**幸福の科学学園**

**中学校・高等学校（那須本校）**
2010年4月開校・栃木県那須郡（男女共学・全寮制）
TEL **0287-75-7777** 公式サイト **happy-science.ac.jp**

**関西中学校・高等学校（関西校）**
2013年4月開校・滋賀県大津市（男女共学・寮及び通学）
TEL **077-573-7774** 公式サイト **kansai.happy-science.ac.jp**

## 仏法真理塾「サクセスNo.1」

全国に本校・拠点・支部校を展開する、幸福の科学による信仰教育の機関です。小学生・中学生・高校生を対象に、信仰教育・徳育にウエイトを置きつつ、将来、社会人として活躍するための学力養成にも力を注いでいます。

TEL **03-5750-0751**（東京本校）

## エンゼルプランV

東京本校を中心に、全国に支部教室を展開。
信仰をもとに幼児の心を豊かに育む情操教育を行い、子どもの個性を伸ばして天使に育てます。

TEL **03-5750-0757**（東京本校）

## エンゼル精舎

乳幼児が対象の、託児型の宗教教育施設。エル・カンターレ信仰をもとに、「皆、光の子だと信じられる子」を育みます。
（※参拝施設ではありません）

## 不登校児支援スクール「ネバー・マインド」

TEL **03-5750-1741**

心の面からのアプローチを重視して、不登校の子供たちを支援しています。

## ユー・アー・エンゼル！（あなたは天使！）運動

障害児の不安や悩みに取り組み、ご両親を励まし、勇気づける、障害児支援のボランティア運動を展開しています。

**一般社団法人 ユー・アー・エンゼル**
TEL **03-6426-7797**

### NPO活動支援

学校からのいじめ追放を目指し、さまざまな社会提言をしています。また、各地でのシンポジウムや学校への啓発ポスター掲示等に取り組む一般財団法人「いじめから子供を守ろうネットワーク」を支援しています。

公式サイト **mamoro.org**　ブログ **blog.mamoro.org**
相談窓口 **TEL.03-5544-8989**

---

幸福の科学

## 百歳まで生きる会～いくつになっても生涯現役～

「百歳まで生きる会」は、生涯現役人生を掲げ、友達づくり、生きがいづくりを通じ、一人ひとりの幸福と、世界のユートピア化のために、全国各地で友達の輪を広げ、地域や社会に幸福を広げていく活動を続けているシニア層（55歳以上）の集まりです。

【サービスセンター】TEL **03-5793-1727**

## シニア・プラン21

「百歳まで生きる会」の研修部門として、心を見つめ、新しき人生の再出発、社会貢献を目指し、セミナー等を開催しています。

【サービスセンター】TEL **03-5793-1727**

# 幸福実現党

内憂外患《ないゆうがいかん》の国難に立ち向かうべく、2009年5月に幸福実現党を立党しました。創立者である大川隆法党総裁の精神的指導のもと、宗教だけでは解決できない問題に取り組み、幸福を具体化するための力になっています。

## 幸福実現党　党員募集中

あなたも幸福を実現する政治に参画しませんか。

＊申込書は、下記、幸福実現党公式サイトでダウンロードできます。
住所：〒107-0052
東京都港区赤坂2-10-8 6階 幸福実現党本部

TEL 03-6441-0754　FAX 03-6441-0764
公式サイト hr-party.jp

# HS政経塾

大川隆法総裁によって創設された、「未来の日本を背負う、政界・財界で活躍するエリート養成のための社会人教育機関」です。既成の学問を超えた仏法真理を学ぶ「人生の大学院」として、理想国家建設に貢献する人材を輩出するために、2010年に開塾しました。現在、多数の市議会議員が全国各地で活躍しています。

TEL 03-6277-6029
公式サイト hs-seikei.happy-science.jp